ボン教の儀礼は、地域コミュニティと密接に結びついている。密教儀礼と深くかかわる仮面舞踊チャムには、ボン教独自の神々が多く登場する。神々の力によって悪霊を祓い清め、村落とそこに生きる人びとの幸福を祈る場である。（本書74〜76頁参照、撮影：小西賢吾）

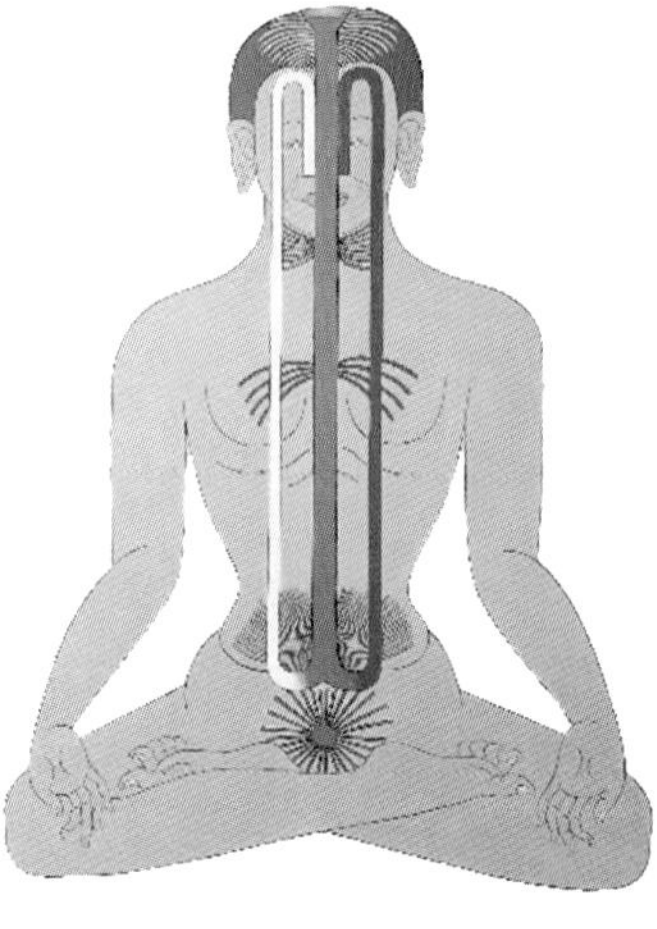

ボン教では、へそから頭頂にかけて3つの脈管（エネルギーが行ったり来たりする通り道）があると考えられている。右の脈管は白色、左の脈管は赤色、真ん中の脈管は青色で表される。（本書171頁参照）

ボン教

弱者を生き抜くチベットの知恵

編著　熊谷誠慈
著　三宅伸一郎
小西賢吾
ダニエル・ベロンスキー
チューコルツァン・ニマ・オーセル
箱寺孝彦
テンジン・ワンギェル・リンポチェ

創元社

目次

第2章　ボン教の文化――ボン教僧院と地域社会　55

小西賢吾

第3章 ボン教の儀礼　83

ダニエル・ベロンスキー　熊谷誠慈訳

第4章 ボン教の思想　101

熊谷誠慈

第7章 ボン教の呼吸法――ボン教のヨガが人体に及ぼす影響 162

テンジン・ワンギェル・リンポチェ　熊谷誠慈訳

第8章　ボン教のドリームヨガ　185

テンジン・ワンギェル・リンポチェ　熊谷誠慈訳

終章 弱者を生き抜くチベットの知恵
——ボン教に学ぶフレキシビリティとレジリエンス 212

熊谷誠慈

カザフスタン
モンゴル
キルギス
新疆ウイグル自治区
甘粛省
タジキスタン
西寧
青海省
レプゴン
アムド
チベット自治区
ンガリ
ボゾ
シャルザ・リトー
シャルコク
パキスタン
ダラムサラ
カイラス山
ウ・ツァン
ナクチュ
ギャロン
カム
ドランジ
ガルーダ谷
タロ湖
メンリ
ラサ
ウェルキュン
成都
ボンリ山
ドルポ
シガツェ
ユンドゥンリン
四川省
インド
ネパール
デリー
カトマンズ
ブータン
0
500km
ミャンマー
関連地図

序章

ボン教とは

熊谷誠慈

ボン教とチベット仏教

ボン教（bon）は、七世紀の仏教伝来以前から、チベットに存在していた古代宗教だとされる。とはいえ、チベットの宗教といえば、多くの人は、ダライ・ラマ十四世に代表されるチベット仏教のことを想起するだろう。八世紀末に、段階的な悟り（漸悟）を主張するインド仏教中観派が、一瞬での悟り（頓悟）を主張する中国禅との宗教論争に勝利して以降、チベットではインド仏教中観派が国教的な位置づけとして存在し続けてきた。したがって、チベットといえば仏教国というイメージが存在するのも当然である。

しかし、チベットにおいて、仏教とは、あくまでインドや中国から伝来してきた外来宗教であり、仏教伝来以前にはボン教なる宗教が存在していた。とはいえ、当時のボン教は儀礼が中心であり、仏教のような高度な哲学は持ち合わせていなかった。インド仏教と中国禅との論争に割って入ること

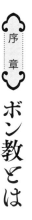

もできず、教義的には後れを取ることになった。

実際、仏教が国教化して以降のボン教は、常に下位の宗教として扱われ、迫害や差別を受けることもしばしばあった。

千二百年もの間、差別されて虐げられてきたのだから、さぞかし卑屈な宗教だろうと思う人もいるかもしれない。あるいは、仏教に対して敵対的で、恨みを持っているのではないかと推測してしまう人もいるだろう。実際、私自身、仏教側からボン教を見下す発言を聞いたこともある。

他方、ボン教の側から仏教に対する悪口を聞くことは少ない。これまで何度かボン教僧に、仏教についてどう感じているかと聞いたことがあるが、彼らは仏教に対する悪口を言わない。もしかすると、仏教徒である私に気を遣って、仏教の悪口を言わないようにしているのかもしれない。しかし、仏教に対して強い恨みを持っているということはないように感じる。

実際、十一世紀以降のボン教の文献においても、バラモン教などの異教徒に対しては「外道」(phyi rol pa)と呼ぶが、仏教徒に対しては「他派」(gzhan sde)と呼んでいる。すなわち、ボン教徒にとって仏教は、完全に異なる宗教というよりも、同じ宗教内の異なる学派といった位置づけに近い。ただし、十世紀以前の古代のボン教は、仏教とはまったく別の宗教だったようである。古代のボン教と仏教との差は、たとえば、バラモン教・ヒンドゥー教と仏教との差よりも大きいように思う。そのボン教が、仏教伝来後に仏教教義を取り込み、仏教に類似する教義体系を持つに至ったころに、仏教に対して「他派」という呼称を与えるようになったのではなかろうか。

ボン教とは

「そもそもボン教とは何なのか」という問いを持つ読者も多いであろう。ボン教の全容については、本書の各章を通じてご理解いただきたく、ここでは簡単な紹介にとどめておく。

ボン教とは、チベットやヒマラヤ地域の土着宗教の総称である。近年、仏教伝来以前にボン教なる宗教が本当に存在していたか否か、学者間で見解はわかれている。ただし、七世紀の仏教伝来以前に、チベットにおいてさまざまな宗教儀礼が存在していたことは間違いない。それらを「ボン教」と呼ぶか、あるいは「チベットの古代宗教」と呼ぶかは、学者によってまちまちである。

なお、仏教の東進は紀元後六世紀の日本伝来（五五二年あるいは五三八年）をもって完了した。その後、仏教は東北アジア地域へと展開していった。仏教がインドから北東隣のチベットに公式に伝来したのは意外に遅く、七世紀の吐蕃《とばん》王ソンツェンガンポ（Srong btsan sgam po：五八一／六一八‐六四九）の時代とされる。というのも、チベット地域にはそれまで統一王朝が存在していなかったため、国家による組織的な仏教受容は、他の仏教地域に比べて遅くなった。八世紀末のティソンデツェン王（Khri srong lde btsan：七四二‐七九七）の時代に、仏教はチベットの正式な国教となり、現在もその地位を保持し続けているが、ボン教と称される土着宗教[*1]が消滅したわけではなかった。

吐蕃王国およびその後につづく百五十年ほどの混迷期までの時代を、仏教前期伝播期と呼び、十一世紀前半にアティシャ（Atiśa Dīpaṅkara Śrījñāna：九八二－一〇五四）がチベットで布教を始めたころからの時代を仏教後期伝播期と呼ぶ。仏教前期伝播期のボン教（古ボン教）は、動物供犠など、古代宗教色の強い宗教であった。他方、十一世紀以降のボン教（新ボン教）は、仏教教義を次々に取り込み、仏教的な宗教へと変容していった。ボン教の神話や歴史書などは、おおよそ新ボン教の中で構築されていったものである。それらの歴史的記述は、信仰的側面においては是とすべきであるが、科学的、学術的観点からは十世紀以前に適用するのは困難であることを、あらかじめお断りしておきたい。

ボン教の伝統では、ボン教の開祖を、トンパ（教主）・シェンラプミボ（gShen rab mi bo：紀元前一六〇一六－紀元前七八一六年頃。以降シェンラプと略記）という人物に帰している。シェンラプは、伝承上、その寿命は八千二百歳とされている。彼は、タジクのオルモルンリン（'Ol mo lung ring）という都市（タジキスタンあるいはペルシアなど諸説存在）で生まれたとされる。やがて、シェンラプはボン教の布教を開始し、インド、中国、シャンシュン（Zhang zhung：西チベット）、そして中央チベットの順にボン教を広めたと言われている。

十一世紀以降、シェンチェン・ルガ（gShen chen Klu dga'：九九六－一〇三五）などの埋蔵経典発掘者たちが、多数のボン教の埋蔵経典を発見したとされ、以後、膨大なボン教の典籍が編纂されていくことになる。それにともない、ボン教教義が整理され、学説綱要書が編纂され、ボン教の教義、修行法ともに体系化されていくことになった。特に、ゲルク派（dge lugs pa）開祖のツォンカパ・ロサンタクパ（Tsong kha pa Blo bsang grags pa：一三五七－一四一九）とほぼ同時代のニャンメー・シェーラプギェルツェン（mNyam med Shes rab rgyal mtshan：一三五六－一四一五）は、ボン教随一の学僧であり、多くの注釈書を著した。彼が、チベット仏教サキャ派の学僧ロントン（Rong ston smra ba'i seng ge：一三六七－一四四九）から仏教の手ほどきを受けていたという事実などからもわかるように、ボン教徒たちは仏教徒側の情報にも非常に敏感であった。

十九世紀には、チベット仏教において、リメ運動なる宗派折衷運動が起こったが、ボン教にもその流れが起こり、シャルザワ・タシーギェルツェン（Shar rdza Bkra shis rgyal mtshan：一八五九－一九三四）などのボン教僧が活躍した。

図0-1　ニャンメー・シェーラプギェルツェンのタンカ

ボン教は現在もチベットおよび周辺国に存在している。チベット動乱後にチベットからインド共和国ヒマチャルプラデーシュ州のドランジ（Dolanji）に拠点を移したメンリ寺（bKra shis sman ri dgon p）や、ネパールのカトマンズにあるティテンノルブツェ寺（Khri brtan nor bu rtse）などが本山機能を有し、いまもなおヒマラヤ地域のボン教コミュニティに大きな影響を持っている。こうしたボン教の僧院を訪れると、正確な知識がなければチベット仏教のお寺と誤認してしまいやすい。本堂には像が安置され、経典が積み上げられ、そして僧衣を身にまとった僧侶がいる。いずれもチベット仏教のものにかなり類似しており、一目では判別し難い。

このように、元々、仏教とはまったく異なる宗教であったボン教は、千二百年の歳月をかけ、多くの部分で仏教的要素を受容しながら、現在まで生き延びてきた。しかし、仏教のコピーであるかというと決してそうではない。ボン教徒たちにとっての信仰対象は、シェンラブなどのボン教の仏や菩薩、神々である。彼らは、釈迦牟尼《しゃかむに》や阿弥陀仏、観音菩薩など、仏教の仏や菩薩たちに対しては、敬意は持っていても信仰はしない。[*2] 哲学や修行法については多くの点で類似するが、宗教としてはまったく別物であるという点は、明白である。このように、ボン教は、仏教という強者と争うことをせずに、仏教の長所を取り込みながらも、自らの宗教としてのアイデンティティを保持し続けてきたのである。

本書出版の経緯——弱者を生き抜くチベットの知恵

ここで本書の出版の経緯について触れておきたい。二〇二〇年一月にプラハ・カレル大学から二名のボン教研究者を招聘するに際し、日本のボン教学者も招聘して、二〇二〇年十一月十七日にボン教の国際シンポジウムを開催した。幸い、歴史学、宗教学、人類学、儀礼研究、密教研究、瞑想研究など、多分野のボン教研究者が参加することになったことから、このシンポジウムをもとに学際的なボン教概説書の書籍化を進めることになった。

実際、日本語でボン教を理解できる書籍はきわめて少なく、またそれらの多くは絶版や非売品であるため[*3]、ボン教の概説書の出版は急務であり、学術的にも社会的にも意義は高かった。しかし、一般向けの書籍を出版する場合には、学術的意義のみならず、社会的に強いインパクトをもつものか、あるいは、数多の大衆の利益に資するものでなければならない。

ボン教のことを知らない人にも広く本書に興味を抱いていただくためには、ボン教特有の「強み」を人々に訴えかけて、惹きつけるという手法が王道であろう。そこで、ボン教の特徴について考えてみたが、残念なことに、強みどころか「弱み」しか出てこなかった。

- 世界的に認知度が低い。
- 千二百年もの間、宗教マイノリティであり、迫害されることもあった。
- 国教の地位を奪ったチベット仏教に対して論争などで対抗しようとしなかった。
- 仏教教義を多く取り込んだことで仏教との区別がつきにくくなった。

これでは、人々を惹きつけるどころか、「主体性のない弱き少数宗教だ」と呆れられてしまうのではないかと感じてしまった。その一方で、一つの疑問が生じた。「強みのないボン教に、なぜ私自身は惹かれたのだろうか」と。その際、「ボン教の弱みだと思っていた点は、実は強みともなりうるのではないのか」という一見矛盾した考えが頭をよぎった。そこで、ボン教の特徴をもう一度虚心に捉え直してみると、ボン教が、千二百年もの危機的状況の中、弱者として堂々と生き抜く術を磨いてきたということがわかった。

- 宗教少数派であり、認知度が低くとも、卑屈さがない。
- 千二百年前に国教としての地位を仏教に奪われて以降、宗教少数派として差別的な扱いを受けてきたのに、多数派である仏教徒と喧嘩をしなかった。
- インドやチベットの最先端の仏教の情報を、自らの教義に取り込み、教義や修行法の質を高めていった。

本書の目的と内容

本書は、ボン教というチベットの宗教マイノリティについて多角的に理解を深めることに加え、困難な社会を「弱者」としてポジティブに生き抜くためのヒントをボン教から学びとることが目的である。以下の章では、ボン教の歴史、思想、文化、瞑想実践について概観した上で、ボン教のもつフレキシビリティ（柔軟性）とレジリエンス（弾力性）について分析を行う。

1　ボン教の歴史　三宅伸一郎

2　ボン教の文化——ボン教僧院と地域社会　小西賢吾
3　ボン教の儀礼　ダニエル・ベロンスキー
4　ボン教の思想　熊谷誠慈
5　ボン教教義における密教の位置づけ　チューコルツァン・ニマ・オーセル
6　はじめてのゾクチェン瞑想——あなたの人生を支える大楽《たいらく》の瞑想　箱寺孝彦
7　ボン教の呼吸法——ボン教のヨガが人体に及ぼす影響　テンジン・ワンギェル・リンポチェ
8　ボン教のドリームヨガ　テンジン・ワンギェル・リンポチェ
9　弱者を生き抜くチベットの知恵——ボン教に学ぶフレキシビリティとレジリエンス　熊谷誠慈

本書の企画を進めてまもなく、新型コロナウイルスが世界中に蔓延し、人々は恐怖し苦しんだ。このウイルスは、現代の最先端技術をもってしても人類が弱者になりうることを知らしめた。本書をあと二年早く刊行できていれば、新型コロナウイルスの蔓延前に、不安や恐怖を感じる人々に届けることができたのに、と悔やむところではある。しかし、同ウイルスを克服した後も、人類にはさまざまな苦難が待ち受けていることであろう。そうした苦難を前にして弱者となってしまったときに、本書が少しでも役立てば幸甚の至りである。

［注］

1　仏教伝来以前にボン教という名称の土着宗教が実在していたか否かについては、御牧（二〇一四：xi－xii頁）が先行研究を丁寧に整理している。ボン教は従来、仏教がチベットに伝来する以前のチベットに実在した土着宗教と考えられてきたが、この定説をスネルグローブ(David Snellgrove)やマクドナルド(Ariane Macdonald)などが否定した。Macdonald(1971)は、古代の宗教はボン(bon)ではなくツク(gTsug)あるいはツクラク(gTsug lag)であったという説を主張した。その後、Karmay(1983)が敦煌文献の中に、「〔凡夫たちは〕外道の宗教であるボン教を信仰し」(mu stegs bon la yid ches ste)という一文を見出し、仏教側からボン教が外道の宗教と見做されていたことを指摘し、以後、ボン教はチベットの土着宗教としての地位を取り戻した。

2　リメ(宗派折衷)運動の担い手は例外であり、ボン教と仏教の両宗教の尊格に対して信仰する。

3　長野(二〇〇九)は、一般向けのボン教入門と言える。御牧(二〇一四)は、トゥカン三世ロプサン・チョキニマ(一七三七—一八〇二)の『宗義の水晶鏡』のボン教の章の解説に加え、重要なボン教典籍の翻訳、分析を行っており、より学術的なボン教概論と言えよう。他にも瞑想やゾクチェンなど、個別のテーマに関するボン教の書籍は存在する。

第1章

ボン教の歴史

目的地は同じ。だが、ルートが違う――ゲロン・シェーラプテンジン

三宅伸一郎

はじめに

きわめて個人的な話になりますが、まず、私がボン教に関心を持ったきっかけについて述べたいと思います。そもそも私がチベットに関心を持ったのは、大学の一年が終わった春休みのこと、たまたまチベットの仏画を見たことがきっかけです。日本の仏画にはないその極彩色の世界に惹かれ、新学期に入り、開講科目一覧を見ると、「チベット語」という科目があって、勉強してみようという気になりました。そして、授業の開始日、教室に行くと、先生はチベット人のツルティムケサン先生でした。一九八七年のことです。もともと語学は苦手でしたが、初めて目にする文字の放つ不思議な魅力に加え、ネイティブの先生に教えてもらうという、それまでの学びにはなかった体験に大

いに刺激を受け、亀の歩みではありましたが、なんとか勉強を続け、ようやく少しチベット語がしゃべれるようになった一九九一年に、初めてチベットの都・ラサに行きました。このように、チベット語を勉強する一方、その歴史や宗教、文化について知りたいと思い、関連する本などを読んでみると、チベットには仏教とは別にボン教という宗教があるということを知りました。そして、ラサに次ぐチベット第二の町であるシガツェ（gZhis ka rtse）の近郊に「ユンドゥンリン（g.Yung drung gling）」というお寺があって、ここが文化大革命での破壊から寺院の再建を果たし、活動を再開しているという雑誌の記事を見て、一九九二年、そこを訪問しました。

寺の様子は、それまでに見たチベットの仏教寺院と変わるところがありませんでした。僧侶の着る僧衣も、仏教のそれと変わるところがありませんでした。このとき、案内してくれた僧侶から、この寺には立派な高僧がいるのだが、残念ながらいまは不在だ。また改めて来て会うといい、と言われました。その言葉を聞いたとき、必ず再訪しなければという気持ちが湧き起こりました。そして一九九四年、この寺を再訪したとき、その高僧に会えました。それが、この寺院の再建に尽力したゲロン・シェーラプテンジン（dGe slong Shes rab bstan 'dzin：一九三〇-二〇〇九）師でした。私は、そのとき持っていた素朴な疑問——仏教との違い——をぶつけました。そのときの師の答えが冒頭の言葉でした。そして、この言葉こそが、ボン教に惹かれる出発点になっています。

師は、ボン教は仏教と同様、悟りや成仏、輪廻からの解脱を目指すものだというのです。「あなたは日本からここチベットに来た。チベットに来るためには、たとえば船に乗って中国に渡り、そこ

図1-1　ユンドゥンリン寺　チベット第二の町シガツェの近郊にある

から列車やバスを乗り継いでチベットを目指すこともできる。また日本から直接飛行機で来ることもできる。ボン教と仏教の違いとは、いわば、どの交通手段を使うかの違いなのだ」と。そして、「ただ、最も速く目的地にたどり着く、いわば飛行機で目的地を目指すようなものこそ、ゾクチェンの教えであり、これこそボン教の最高の教えである」と。

仏教とはまったく違った宗教というイメージを持っていた私は、この話を聞いて驚きましたが、逆に強く関心をもちました。悟りを目指すという点で仏教との共通性を説くものの、自分たちの「ゾクチェン」こそが最高の教えというアイデンティティを強固にもっている。仏教、具体的に言えば、チベット仏教の各宗派はボン教からみて決して「外道」ではない。「三宝への帰依（仏教の三宝が仏・法・

僧であるのに対し、ボン教のそれは、仏・ボン・卍菩薩の集団の三つ)」を有する点で同じ「ナンバ(nang pa)」つまり「内道」であるが、その中で、自分たちは「ボンポ(bon po)」すなわちボン教徒であるのに対して、仏教の各宗派を「ペンデ(ban de)」と称し区別します。そうした考えがどのように形成されていったのかということに関心をもったわけです。

もう少し思い出話をさせていただくのをお許しください。ゲロン・シェーラプテンジン師、いわば、私をボン教に導いてくれたこの方に、最後にお会いしたのは二〇〇九年の二月でした。お部屋にお邪魔して挨拶すると、八十歳の高齢で、目が見えなくなっていましたが、声で私だとわかってくれました。しばらくお話ししている中で、師は、自分はまだあと数年は生きているだろう。「まだお前を助けて(教えて)やることはできる」とおっしゃいました。そのときは、車を待たせていたこともあって、時間もなかったので、「また来ればいい」と思い、師のもとを去りました。日本に帰ってしばらくして、インターネットを見ていると「悲しい報《しら》せ」と題する記事が飛び込んできました。「悲しい報せ」という文字の上をクリックすると、師の写真がゆっくりと表示され、遷化されたという記事が目に飛び込んできました。そのとき、「あのときもう少しお話をしていれば」という強い後悔の念が生じました。師の死は、「いまという機会を逃しては、学べない。ゆえに努力せよ」ということを教えてくれているように思います。ここで取り上げるニャンメー・シェーラプギェルツェンという十四〜十五世紀のボン教学僧の伝記の一つを師から教えてもらったのですが、そのときのノートがいまだ筐底に秘されたままであるのを恥じています。では私の思い出話はここまでにして、いよいよ本章の主題であるボン教の歴史を見てゆきましょう。

仏教伝来以前の土着の信仰としてのボン教

チベットの村々にはそれぞれ、「ユルラ（yul lha）」「シダク（gzhi bdag）」といわれる「山の神」がいます。こうした神々に願いを聞き入れてもらうためには、まず汚れた人間界を浄化する必要があるとされています。そのために行われるのが、「サン（bsang）」という儀式です。松柏の葉や枝を燃やし、その炎と香りによって人間界を浄化するこの儀式は、ボン教徒・仏教徒を問わず普遍的に行われていますが、あるサンの儀式に合わせて行われた法話の中で、仏教僧が、「このサンはボン教のものだ」と人々に明言していました。この仏教僧は、なぜそんなことを言ったのでしょうか。

その背景には、チベット人の歴史観があります。十二世紀のニンマ派（rnying ma pa）の埋蔵経典発掘者ニャンレル・ニマオーセル（Nyang ral Nyi ma 'od zer：一一二四-一一九二？）が著した『ニャンレル仏教史』には、伝説上の古代初代王ニャティツェンポ（gNya' khri btsan po）以降歴代の王の名と、その身体を守護するボン教徒（bon po）の名が列挙されています。その上で、二十七代目のティトクジェトクツェン（khri thog rje thog btsan）に至るまでのあいだ、「チベットに仏の教えはなかった。三宝という音も轟かなかったので、ボン教徒のカルトゥンツェ（dkar dun rtse）が王の御身体を守護した」と述べられ、次の二十八代目の王ラトトリニェンツェン（lHa tho tho ri gnyan btsan）の時代になり、天から仏教の経典が降ってきたことにより、チベットに初めて仏教が伝わったとされています。人々には、天から降ってきたこの経典がいったい何であるかわからなかったのですが、ボン教徒たちは「ボン教が栄える印だ」と考え、昼夜を問わずボン教流の供養を行いました。その後、王の夢見がきっかけとなり、この経典に対し、仏教式の五体投地の礼拝を捧げ、右遶《うにょう》（敬意を示す対象に右肩を向け、その周りを右回りする礼法）を行ったと述べられています。時代が降って、ダライ・ラマ五世（一六一七－一六八二）が著した歴史書『西蔵王臣記』には、「〔ニャティツェンポから〕二十七代までのあいだ、政治は「ドゥン（sgrung：物語）」「デゥ（lde'u：なぞなぞ）」「ボン」の三つにより保たれた」と述べられています。このように、チベットの歴史書の中でボン教は、仏教伝来以前から存在し、古代の王室で重要な役目を果たしていた宗教として描かれています。

そもそもサンの儀式の効能や、その起源にまつわる物語は、インドで成立した仏教の経典には見られません。こうした仏教に起源を求めることのできない信仰、仏教の教義で説明することのできない信仰は、仏教伝来以前からチベットに存在するボン教のものだと、チベット人たちは考えているのです。では、仏教伝来以前のボン教というのはいったいどのようなものだったのでしょうか。

ここで、以降の話を理解してもらうために、チベットの歴史を簡単に説明したいと思います。これまでに述べたティトクジェトクツェンやラトトリニェンツェンという王は、いわば伝説上の王で、チベットがアジアの歴史の表舞台に大々的に登場するのは、七世紀後半から九世紀前半にかけての、いわゆる吐蕃《とばん》王国時代です。吐蕃というのは当時の中国人たちのチベットに対する呼称です。八世紀に入るとチベットは、強大な軍事力を有し、七六三年には唐の都の長安を占領するなどして、中央アジアを席巻する一大帝国を築いていました。仏教の導入が始まったのもこのころで、七六一年には、時の王ティソンデツェン（Khri srong lde btsan）から仏教国教化宣言が出されています。仏教は王室からの保護を受け、九世紀になると仏教経典のチベット語翻訳が国家事業として組織的に進められ、インドから伝わったいわゆる大乗経典のほとんどが翻訳されました。この帝国は八四二年、ランタルマ王（Glang dar ma）が暗殺されたことにより崩壊し、分裂時代に入ります。十世紀中頃から戒律の復興や仏典翻訳が再開され、帝国崩壊とともに一時期力を失った仏教が復興する時代に入ります。そして宗派が形成されてゆきます。

十三世紀に入り、チンギスカン（一一六二？-一二二七）により建国されたモンゴル帝国がアジアを席巻してゆく中で、その第二代皇帝オゴデイの第二子コデンはチベットに侵攻し、当時チベットで一流の大学者であったサキャ派の総帥サキャパンディタ（Sa skya paṇḍita Kun dga' rgyal mtshan：一一八二-一二五一）を招聘し、現在の甘粛省中部にあった涼州で会見します。これにより、サキャ派はモンゴル帝国との関わりを築きます。サキャパンディタの甥のパクパ（'Phags pa Blo gros rgyal mtshan：一二三五-一二八〇）は、モンゴル帝国第五代皇帝で、元朝の初代皇帝であるフビライ（一二一五-一二九四）に信任され、「帝師」の称号を与えられるとともに、モンゴル語を表記するためにチベット文字を基にした新たな文字、いわゆるパスパ文字を創ります。このようにして、モンゴル帝国・元朝の強い信任を得たサキャ派は、チベットの支配を任されます。次いで十四世紀に入り、パクモドゥ派などいわゆるカギュ派系の勢力が力を持った時代がしばらく続きますが、一六四二年に、ダライ・ラマ五世（一六一七－一六八二）が、敵対するチベット内の勢力を軍事的に制圧したモンゴル人の王グシハン（一五八二－一六五五）から、チベットの支配権を譲り渡されたことにより、ダライ・ラマを頂点とするガンデンポタン政権の時代が始まります。

では、仏教伝来以前ないし仏教伝来当時、すなわち七世紀後半から九世紀前半にかけての吐蕃王国時代のボン教について見てみましょう。この時代のことを知る上で最も重要な資料は、二十世紀の初めにシルクロードの要衝の敦煌から発見されたいわゆる「敦煌文献」です。この敦煌文献は十一世紀前半に、敦煌の石窟の中に封印された古文書類です。その多くは漢文の写経類なのですが、チベット語のものも大量に含まれています。なぜかというと、敦煌を吐蕃が七八六年に占領して以降、かなり長いあいだチベット語が、その地の「共通言語」として使用されていたからなのです。敦煌文献に含まれるチベット語文献は、いまのチベット語と違って難解ですが、チベットに仏教が伝来した吐蕃王国時代の歴史や社会、文化、そして宗教を知る上で、まさに当時の記録ということできわめて貴重な資料となっています。この敦煌文献の中に当時のボン教の姿が描かれています。ただ断片的な記録なので、それが当時のボン教の全容であると断定することは難しいです。

この敦煌文献に含まれる古文書から、当時のボン教の様相が、きわめて断片的ですが、おぼろげながら浮かび上がってきます。当時のボン教徒司祭は、占いを行い、「ト（gto）」と呼ばれる儀礼によって魔を鎮めるとともに、病気の治療や、葬送儀礼、魂や運気の召喚に携わっていたようです。もっとも注目されるのは、葬送儀礼に関する文献です。そこには、仏教徒側の視点から、犠牲獣を用い、死者を不死の世界である「喜びと幸せの国」へと送り届けるためのボン教の葬送儀礼が批判的に取り上げられています。この葬送儀礼の中で犠牲獣を用いるのは、葬儀の中で犠牲として捧げられた羊や馬、そしてヤクなどの動物が、死者を「喜びと幸せの国」へと送り届けてくれると考えられていたからです。もし、これらの動物による導きがなければ、死者は「喜びと幸せの国」とは対極にある「苦しみの国」に迷い込んでしまう。だから、葬儀で犠牲獣を用いる必要があったのです。「動物に導いでもらわないといけないのか？　人間は動物より劣るのか」――そう言って仏教徒は、ボン教のこうした葬送儀礼を批判し、死後は犠牲獣の導きによって決まるのではなく、生きているあいだの行為、すなわち業によって決まるのだと述べています。ともかく、ここで一番注意したいのは、敦煌文献から浮かび上がってくるこうしたボン教には、冒頭に述べた、悟りや成仏といった考えは述べられてないところです。

敦煌文献に見えるボン教、この吐蕃王国時代の、仏教伝来以前に存在していたボン教と今のボン教とのあいだにどのような関係があるのかは、いまだ十分に解明されているとは言えません。それゆえ、この吐蕃王国時代のボン教を「古ボン教」として、分けて考えるべきだと研究者たちのあいだでは言われています。これに対して、いまのボン教、すなわち、数多くの経典と教義が整っており、寺院があり出家者がおり、信者が寺院や出家者を支える――そうした組織化されたボン教は、「古ボン教」に対して「新ボン教」と研究者たちのあいだでは呼ばれています。

さて、敦煌文献より時代が下がる十二〜十三世紀のチベット仏教ディクン('Bri gung)派の開祖ジクテンゴンポ('Jig rten mgon po：一一四三-一二〇〇)の言葉にその弟子シェーラプジュンネー(Shes rab 'byung gnas：一一八七-一二四一)が注釈を施した著作には、ボン教は「自然生のボン」「逸脱のボン」「改変のボン」という三段階を経て発展したと述べられています。そのうち最初の「自然生のボン」の段階では、供物を使って儀式を行い、鬼神を制御し、祖霊神やカマドの神々を祀ることを内容としていたとされています。次の「逸脱のボン」の段階、これはディクムツェンポ(Gri gum btsan po)という王の不慮の死を契機として始まった段階とされていますが、この段階では、ジュティクという紐占い(この占いは、いまもボン教に残る)などに混じり、不慮の死を遂げたものを葬るための葬儀が、その内容として挙げられています。こうした「自然生のボン」「逸脱のボン」の姿は、敦煌文献に現れるボン教の姿と重なります。そして最後の「改変のボン」とは、その名前のとおり仏教の教義を取り入れ、教義を改変した段階です。ティソンデツェン王の時代前後に始まった動きだとされています。この段階の直接の延長線上に悟りや成仏を目指す、今のボン教があると言っていいでしょう。

これまでに見てきた敦煌文献に加え、十二〜十三世紀のチベット仏教ディクン派のボン教の歴史的発展に対する考えをまとめると、次のようなことが確認できるでしょう。少なくとも仏教伝来以前、チベットにはボン教という宗教があり、新たに入ってきた仏教がボン教の考えを批判し、ボン教が持っていた概念を仏教的に置き換えようとした。一方のボン教の側は、この世を輪廻する苦しみの世と捉え、悟り、そこから解脱し、成仏するといった仏教の教義を取り入れて、いまの形になっていった――そのように推測することができるでしょう。

ここまでは、おもに仏教徒側の資料に基づいて、古代のボン教の様相や、ボン教の発展について見てきました。ここからは、ボン教徒自身が描く彼らの歴史を見てみたいと思います。

開祖シェンラプミボの伝記

図1-2　ボン教開祖シェンラプミボ　右手にボン教のシンボル「卍」があしらわれた宝具を持つ

「ユンドゥン・ボン（g.yung drung bon）」すなわち「永遠のボン」ないしは「卍のボン」を自称するいまのボン教はシェンラプミボ（以降、シェンラプと略称）という人物を開祖とします。いまからおよそ一八〇三〇年ないし一二四五〇年前（ボン教の中でも諸説あります）に、オルモルンリンという場所で生まれた人物とされています。仏教の開祖・釈迦牟尼よりはるか昔の人物です。開祖ということで、「トンバ（ston pa）」つまり教師という語を冠し、トンバ・シェンラプとも呼ばれます。彼が生まれたオルモルンリンという場所の位置については、ボン教の資料の中でも記述の揺れが見られます。すなわち、現在のアフガニスタンやパキスタン、イランなどチベットの西にある地域を指す「タジク」にあるとする説があれば、西部チベットの「シャンシュン」にあったとする説があります。さらには、このオルモルンリンを西方極楽浄土とみなし、そこへの往生を説くテキストも見られます。

実は、敦煌文献の中にシェンラプの名前は何例か確認されます。しかし、死者の魂を制御する司祭の一人として登場するだけで、ボン教の開祖と明言されてはいません。吐蕃王国時代に司祭の一人として名前の知られていたシェンラプが、どうしてボン教の開祖となっているのか、詳細はわかりません。

十〜十一世紀に入ると、彼の伝記を主題とした経典が作成され始め、開祖としての物語が形成されていきます。その嚆矢となるのが『ドドゥー（mDo 'dus：経集）』です。この『ドドゥー』では、仏教の釈迦牟尼と同じく、瞑想修行の中で悪魔たちの誘惑や妨害に打ち勝って、成仏したシェンラプミボの姿が描かれています。彼の伝記を記した経典としては、『ドドゥー』の成立以降、十一世紀には全三巻からなる『ゼルミク（gZer mig）』、十四世紀には全十二巻からなる『無垢栄光経（Dri med gzi brjid）』が成立し、物語が増幅拡大されてゆきました。そのような中で、「釈迦牟尼もシェンラプミボの化身」「釈迦牟尼はインドに本当のチョー（chos：仏法）を伝えるためにシェンラプミボによって派遣された人物だ」との物語も作られてゆきました。

この開祖シェンラプについて、本来ならばこの三点の経典に基づき、その生涯を述べるべきなのですが、たとえば、全十二巻からなる『無垢栄光経』の内容を、このわずかな紙幅の中にまとめることは困難です。そこで、ここでは、この三点の経典成立後の十五世紀に、パ・テンギェーサンボ(SPa bsTan rgyas bzang po)によって著された『ボン教源流明灯』に描かれている開祖の伝記を見てみましょう。『ボン教源流明灯』では、「(教師シェンラプの御事業については)一般に六十等と説かれるが、今回ここでは十二として示そう」とあるように、シェンラプの生涯が「十二の御事業(mdzad pa bcu gnyis)」として説かれています。以下、この「十二の御事業」の名称と、それぞれの内容の概略を示します。

誕生　「生死」を超越しているものの、衆生を救済するために、オルモルンリンにおいて、ム族(dMu rigs)に連なる王ギェルボントーカル(rGyal bon thod dkar)を父に選び誕生した。誕生するや否や六方にそれぞれ七歩ずつ歩き、その足跡に蓮華が花を咲かせた。バラモンによって「最高の教師シェンラプミボ」と名付けられた。さまざまな奇瑞が生じ、オルモルンリンの無数の人々が、虹の光となって成仏した。

弘教　無数に化身を示し、三千世界の衆生すべてを一人残さず速やかに仏位に至らしめるべく、各人の機根(教えを聞き修行しうる能力や性質)に応じた教えを説いた。

トブの調伏　北方にある国オーマジャムキャ（yul 'Od ma'byam skya）の王子トブトーテ（gTo bu dod de）は五逆罪（父母を殺す、聖者を殺す、教団を分裂させる、仏の身体を傷つけるという五つの大きな罪）を行っていた。シェンラプは、忿怒の相を示すことによりこの王子を教化した。死後地獄に堕ちた王子を救うため、地獄に赴き、教えを示すことにより、王子の目に映る地獄の現象を消し、心を鎮めさせ、清浄な道に誘導し成仏させた。

グリンマティの救済　東方にある国ホーモリンドゥク（Hos mo gling drug）の王妃グリンマティ（'Gu ling ma ti）は愛欲にとりつかれ、教師を誘惑したため、病に苦しんでいた。シェンラプは、その病を癒し、王妃の口から悪魔のナーガ（水の精霊）を取り出した。罪を悔悟した王妃が、三世（現在・過去・未来）の三百の女神に礼拝すると、彼女の身口意の妄動は静まった。三世の三百の女神の慈悲により三世の衆生たちはあらゆる欲望から解放された。

婚姻　自身が衆生たちと同じであるということを示すために、また、家系を断絶させたとの謗りを防ぐため、ホーモリンドゥク国出身の娘ギェルメー（rGyal med）を妻に迎えた。

子息誕生　ギェルメーとのあいだにトプブムサン（gTo bu 'bum sangs）とチェープティシェー（dPyad bu khri shes）という二人の息子が生まれた。二人は「ト（息災儀礼）」と「チェー（dpyad：医学診断）」によって、衆生たちに降りかかる災いを鎮めた。

利益衆生　欲深く偽りを語るボン教の占い師のせいで死に、あるいは自殺してしまい、生前の業の結果としてそれぞれ善趣や悪趣に生を得たティシャン（Khri shang）王を含む九人の人物をはじめとする人々を救うため、シェンラプは慈悲の力を発揮し、千の如来を出現させ、人々がそれを礼拝・供養したことにより、彼らは解脱し成仏した。

調伏悪魔　悪魔キャプパラクリン（Khyab pa lag ring）は、シェンラプの力により衆生が悪魔より逃れ、輪廻することもなくなってしまうのを恐れ、その教化をやめさせようと、まず神や師、父母に、ついで小さな子どもや兄弟、息子に次々と姿を変えてシェンラプの前に現れ騙そうとするが、どうにもならない。最後に一億の悪魔の兵を率い攻撃を仕掛けるが、シェンラプは真言と印契の持つ力によってこれに打ち勝ち、悪魔の兵隊たちを自らの信者としてしまう。

次に悪魔は、シェンラプの親族を騙そうとする。シェンラプの娘ネゥチュン（Ne'u chung）は悪魔に拉致されるが、シェンラプの弟子であるアシャ・サンワドドゥ（'A zha gSang ba mdo sdud）により救出される。悪魔の国から帰還し、輪廻の苦を教えられたネゥチュンは恐怖して、神々に懺悔の五つの供物を捧げた。そして、（ネゥチュンと悪魔キャプパラクリンのあいだに生まれた）息子をシェンラプはガルーダ鳥に化身して救出し、解脱の道へと導いた。

次に悪魔は、シェンラプの財産を騙し取ろうとする。悪魔の七人の息子がシェンラプの七頭の馬を奪い、チベットのコンポ地方に隠してしまう。シェンラプにはもとより財産に執着はないが、羅刹の種族であるチベット人を教化する機会と考え、盗まれた馬の跡を追った。悪魔たちの妨害を撃退しながら進んだ。その際、シェンラプが示した奇瑞の跡がチベットの各地に残っている。コンポに至ったシェンラプの行く手を塞ぐべく悪魔が作り出した山を、シェンラプは指でつまんで放り捨てた。そして、シェンラプが作り出した山ボンリ（Bon ri）と高さを比べると、悪魔の作り出した山はボンリの麓にも届かないほどの高さでしかなかった。このように、妨害をすべて打ち破られた悪魔は、シェンラプの信者となった。

遺教　ギャラクオーメーリン（rGya lag 'od ma'i gling）という国の王子コンツェ・トゥルキギェルポ（Kong tse 'phrul gyi rgyal po）は九歳のとき、請願を立てたものの、二十五歳になってもその請願が達成されることがまったくなかった。その後、失意の中、故郷を離れ彷徨うコンツェは、キンツェレンメー（King tse lan med）と出会い、サイコロ占いを行ってもらい、その結果を聞いた。その指示にしたがって神殿の建設に着手すると、神やナーガたちの手伝いもあり神殿は完成した。神殿はカルナクタセルギャムツォリン（dKar nag bkra gsal rgya mtsho gling）と名付けられた。悪魔と羅刹らが神殿を破壊しようとしたとき、コンツェの請願を受けたシェンラプが千五百人のユンドゥンセムパ（g.yung drung sems dpa'：仏教の菩薩に相当）とともにやって来て、悪魔と羅刹による幻惑を鎮め、神殿に仏像と仏塔を安置した。そして、二十五歳になったとき、シェンラプはボンの教えを「四門五蔵（sGo bzhi mdzod lnga）」に分類して文字に記し、神殿に安置した。（サイコロ占いの記述は『ボン教源流明灯』に見られない。『ゼルミク』の内容に基づき補った）。

出家　王位を捨て、自ら髪を切ると、智慧の神の悲心によって虚空に僧衣と僧侶の持ち物が現れ、それらを身につけて出家者となった。その後、何ものにも執着することなく、鳥や猿、そして人間たちの中で、それぞれ一年ずつ苦行を行った。そのさまを見た悪魔たちは信心を起こした。その後、シェンラプは天界の神々に『卍神のタンントラ（*g.Yung drung lha'i rgyud*）』を、サンポブムティの化身であるシベーカトゥプ（Srid pa'i dka' thub）を聴聞者として『稀有なるタントラ（*rMad du byung ba'i rgyud*）』を説いた。そして、キャプパラクリンが出家し弟子となった際には、『卍大衆調伏タントラ（*g.Yung drung phal chen 'dul ba'i rgyud*）』を説いた。男性の弟子たちには『卍ティモン・ギェルシェーのタントラ（*g.Yung drung khri smon rgyal bzhad kyi rgyud*）』を、女性の弟子たちには『卍コンマタクパのタントラ（*g.Yung drung khong ma dag pa'i rgyud*）』を説いた。

捨眷属　シェンラプは一人洞窟で瞑想に入る。智慧に優れた弟子たちを寺院に集め、他の俗人たちと交わらないようにした。さらに弟子たちを「講説と聴聞の部」「声聞部」「苦行部」「無常部」、あるいは「タンソン（drang srong：仙人）」「ツァンツク（gtsang gtsug）」「斎戒守護者」「居士」のグループに分け、さらにそれぞれを男女ごとに分け八つのグループとした。男女の修行者が接触しないようにするためであった。

入涅槃　怠惰な者たちを鼓舞するために、涅槃に入る相を示そうと、シェンラプは病にかかる。息子のトプとチェーブが息災儀礼や医術を用いて病を直そうとするが、どうにもならない。弟子たちは涅槃に入らないよう懇願するが、シェンラプは「私はガルーダ鳥の子と同じである。卵の中ですでに翼が成長していても、卵が割れるまでその能力を発揮するすべはない。同様に、私の心は最高の智慧に満ちており、すでに成仏しているが、身体が滅びるまでその能力は完成しない。身体と心が分離するので、死に際して嬉しく思うのだ」と言い、夜明けとともに、ユンドゥングツェク（g.Yung drung dgu brtsegs：卍九重）山の山頂で成仏した（『ボン教源流明灯』ではこのように、涅槃に入ったことを「成仏した」と表現している）。白いア字の三千の光があらゆる方角に広がった。一千八の舎利は天とナーガ、人間が分けて、それぞれに安置し供養した。舎利は悪趣への入り口を閉ざし、解脱への道を衆生たちに開いている――

以上が、『ボン教源流明灯』の説く開祖シェンラプの生涯「十二の御事業」の概要です。そのうち、わけてもその叙述に紙幅が割かれている第八の御事業「調伏悪魔」、つまり悪魔キャプパラクリンとの争いの物語は、シェンラプの伝記がチベット文学史上どのような位置にあるのかを考える上で、きわめて興味深いものです。チベットには「ケサル（Ge sar）王物語」と呼ばれる英雄叙事詩が伝わっています。悪魔に苛まれる人々を救うという使命を帯びているリン国国王ケサルが、周辺の国々（おおむねその国々はボン教を信仰していると設定されています）と戦いこれを打ち破り、打ち破った敵国の有する宝をリン国にもたらすという内容です。周囲の国々との戦いが、それぞれ独立した物語となっており、その無数の物語が連なって、一つの大きな叙事詩を形成しています。そのうち「タジク宝要塞征服（*sTag gzig nor rdzong*）」というタジク国との戦いの物語は、その国の七頭の馬を、ケサルの叔父トトゥン（Khro thung）が盗んだことに端を発しています。七頭の馬が盗まれることにより物語が展開するという点で、キャプパラクリンとの争いの物語との共通性が見てとれます。シェンラプの生地オルモルンリンがあったとされるタジク国を舞台としている点から考えても、その成立に何らかの影響関係があったものと考えられます。また、仏教側の歴史書『五部遺教（bKa' thang sde lnga）』の一部に、同じくキャプパラクリンとの争いの物語の影響が見られます。このようにシェンラプの伝記は、単なるボン教開祖の物語にとどまらず、他の文学作品に影響を与えるなど、チベット文学史上何らかの地位を占めていたものと考えることができます。シェンラプの伝記に対する研究はまだ十分に進んでいませんが、他のチベット文学作品との関係を探りつつこれを進展させることによって、チベットの宗教と文化の中でボン教の果たしてきた役割をより明確にすることができるでしょう。

では次に、チベットにおけるボン教の展開をボン教徒自身の目から見てみましょう。

前伝期と中伝期

ボン教徒たちは、チベットに自分たちの宗教がいつからあったと考えているのでしょうか。「十二御事業」のうち、第八の御事業「調伏悪魔」の物語が、開祖とチベットを結び付けています。そこでは、シェンラプはキャプパラクリンという悪魔に奪われた馬を取り戻すために、彼が逃げ込んだチベットにやって来て、ボンの教えを広めたとされています。このときに広めた教えは、主に災いを避けて、現世利益を得るための神々への供養法など――ボン教の九乗《くじょう》のうち「原因のボン」に分類される教え――だけだったとされています。ただそれだけで、悟りを得るための教え――ボン教の九乗のうち「果のボン」に分類される教え――は、このときには説かれませんでした。なぜならば当時のチベット人にこれらの教えを理解することはできないと判断したからです。また、シェンラプの来訪時、チベットでは動物を生贄としたさまざまな儀式が行われていたとされています。シェンラプは、それは慈悲のない行いだということで、動物の代わりに、ツァンパ（ハダカムギを炒めて粉にしたもの）をこねて供物を作ることを教えました。これが、チベットでボン教・仏教を問わず用いられる「トルマ（gtor ma）」という供物の起源だというのです。こうやって、チベットにボンの教えが広がっていったとされています。

仏教徒も、仏教伝来以前のチベットの宗教はボン教だと認識していると述べました。ボン教徒たちもその意識を強く持っています。その意識をこの物語は補強します。釈迦牟尼以前の人物であるシェンラプがチベットにやって来て教えを広めたということで、仏教伝来以前からチベットにボン教があったという考えに整合性がつくのです。ニャティツェンポの時代には、「原因のボン・十二の知識」（神々への供養や医療、占い、怨敵の調伏、身代りを差し出すことにより悪しき精霊からの危害を逃れる儀式など十二種の宗教実践）というかたちで、ボン教は栄えたとボン教徒自身は考えています。

このように、仏教伝来以前からチベットに存在していたボン教は、二度迫害を受けたとされています。一度目の迫害はディクムツェンポ王の時代に行われたボン教司祭の追放によるものです。この迫害の難を逃れるため、経典が埋蔵されました。ただ、鬼神による災いから王の身を守るため、幾人かのボン教司祭は追放を免れました。ここまでの時代を『ボン教源流明灯』は「前伝期」と呼んでいます。その後、ディクムツェンポ王の死によって、再びボン教は息を吹き返しました。

二度目の迫害は、ティソンデツェン王の時代（七八五年）に起きました。インドから導入された仏教との争いに端を発します。このときの様子は、十世紀後半から十一世紀に成立したと考えられるボン教史書『ダクパリンタク』に詳細に描かれています。それによるとティソンデツェン王は、仏教の導入を図るため、インドから学僧シャーンタラクシタ（Śāntarakṣita）と在家密教行者パドマサンバヴァ（Padmasambhava）を招き、サムイェー（bSam yas）僧院を建立しました。その後、王自身がシャーンタラクシタらと瞑想修行に入りました。ところが、そのとき捧げた供物に瑕疵があったことが、チベットの神々の怒りに触れ、疫病が流行り、王も病に苛まれました。そこで、王命を受けたボン教徒が神やナーガなどに供養を捧げると、王は回復し、疫病も鎮まりました。王は、「生きているあいだは、仏教に比べボン教のほうがはるかに有効だ。死後についてはどうだろうか？」と述べ、仏教徒とボン教徒たちに、疫病で亡くなった死者の葬儀を行わせました。そして、葬られた死者の魂を召喚し、死後どうなったかを尋ねました。その結果、ボン教徒たちによって葬儀が行われた死者のほうが、より豊かで幸せな状態に至ったことがわかり、王は仏教の導入をやめ、ボン教を行おうと考えました。しかしその後、「このままボン教が力を持つと、ボン教徒に王権が奪われる恐れがある」との仏教徒からの讒言《ざんげん》を聞き、王はボン教の禁止を決意しました。「改宗して出家するか、チベットから出てゆくか、罪に服するか」の選択を迫られたとき、テンパナムカ（Dran pa nam mkha'）という人物が、王の前でこう言ったとされます。

チベットの国の一切を
統べる尊き国王と
無知なる僧伽と男と女
智慧ある種々の者たちが
妙なる法を喜びて
成仏の果を得んとせば
何故に自と他を区別すぞ？
嫉妬の貪瞋《とんじん》を何故為すぞ？
すべては心の働きなれど
ボン・法区別は哀れなり
真には貪瞋離るべし
嫉妬の貪瞋悲しけれ
我と虚空の日月は
一切有情を区別せず
男は敵で女は毒と
区別はならぬ、同じなり

かように心に理解せば
法とボンとに区別なし
すべてはボンの本質が
働き現れたるもので
たとえば小さき純金は
火に燃えたれど純金のまま
水に流せど純金のまま
一には王命厳しくて
二には僧伽の執着強く
三には王命受け難し
チベットの王土安楽となり
王権衰え見せるなく
王の寿命が延びるなら
私テンバは出家せん

このように彼は、仏教徒たちの嫉妬や執着、そしてそれに起因する排他的姿勢を強く批判しつつも、ボン教と仏教の同一性を説き、自ら髪を切り仏教僧として出家したと言います。そうすることによって彼は、罰せられることも、追放されることもありませんでした。

その後、王が、「チベットにおいて仏教とボン教を両立することはできない」として、ボン教の経典類を差し出すように命じた際、テンバナムカは、「ボンの教えは世間という母の子であり、王の先祖たちの本尊である。それゆえ、燃やしたり、川に捨てたりしてはいけない」と述べ、埋蔵することを願い出て、許可されました。こうして数多くのボン教の経典が埋蔵されたと言います。ただし、戒律に関するものは、西方のタジクの地に運ばれ、埋蔵されなかったと言います。こうして経典の埋蔵が行われたのと同時に、ボン教の堂宇と仏塔は仏教のものに改変されました。あるボン教徒は殺され、またある者は追放されました。こうした迫害が行われた後、シェンラオーカル（gShen lha 'od dkar）の化身である女神が怒り、王子や僧侶が落雷により亡くなりました。王は再び病に侵されました。そこで、ボン教徒のチョサボンモ（Co za bon mo）を召喚し尋ねると、彼は、これらの禍はボン教を捨てたのが原因であり、ボン教徒たちを呼び戻すことを提案しました。王がそのように取り計らうと、王は回復し、世の乱れも鎮まりました。ボン教徒たちは、埋蔵された経典の発掘を願い出るとともに、シャーンタラクシタとパドマサンバヴァをインドに帰国させるように要求しましたが、王は、「ボン教・仏教ともに必要だ」とし、受け入れませんでした。こうした様子を見た仏教僧のヌプ・ナムカニンボ（gNubs Nam mkha'i snying po）が「仏教とボン教を両立することはできない。ボン教徒たちは他所へ去れ」と言いました。この言葉を受けて、ボン教徒たちは虚空へ飛び去って行きました。

このティソンデツェン王時代のボン教・仏教のあいだの争いのことは『バシェー』という仏教側の歴史書にも述べられていますが、そこに、テンバナムカの名前は見当たりません。ただ、仏教側の文献に彼の名前が一切見当たらないのかというとそうでもなく、『五部遺教』には、凶暴なヤクの動きを指差しただけで止めるほどの能力を持った成就者としてその名が挙げられています。また、大学者プトン・リンチェンドゥプ（Bu ston Rin chen grub：一二九〇-一三六四）が著した『仏教史大宝蔵論』（通称『プトン仏教史』）には、仏典翻訳者としてその名前が挙げられています。こうした仏教側の史料から、吐蕃王国時代にテンバナムカという人物が存在したことは確認できるのですが、彼がティソンデツェン王の時代に行われたボン教と仏教の争いに参加し、ボン教側の重要な人物であると断定することは難しいです。

そもそもこのテンバナムカという人物は謎に包まれている人物で、①タジクのテンバナムカ、②ティクムツェンポ王の時代のテンバナムカ、③ティソンデツェン王の時代のテンバナムカの三人がいるとされていますが、文献によっては同一人物のように描かれています。さらに、テンバナムカが述べたとされる「法とボンとに区別なし」という仏教との同一性を強調した言葉には、仏教からの影響を受けて教義を発展させた後世のボン教の要素が強く見てとれます。それゆえ、『ダクパリンタク』に記されたテンバナムカの事績を、そのまま事実と考えることはできません。ただ、ボン教徒たちにとってテンバナムカは、ティソンデツェン王による迫害の時代に、自ら仏教僧として出家するという方法までとってボン教を守ろうと努力した聖者だと信じられているのです。

『ボン教源流明灯』は、このティソンデツェン王による迫害の時代までを「中伝期」と呼んでいます。

後伝期——埋蔵経典の発見と中央チベットにおける僧院の発展

次の時代、すなわち「後伝期」は、埋蔵された経典の発見によって始まりました。この時代の初期に登場した埋蔵経典発見者たちの中で最も重要なのは、シェンラプの子孫とされるシェン氏出身のシェンチェン・ルガです。

彼が大量の経典を発見したのは、二十一歳のとき、すなわち一〇一七年でした。人の顔に似た形をした岩から滴る白と黄色の液体を甘露と思って飲むと眠りに落ち、夢の中で、龍・獅子・虎・ガルーダ鳥に乗った女性から、水晶でできたプルバ（phur pa：杭の形をした法具）を授けられるとともに啓示を受けました。その啓示の中で示された水晶の階段を降りると、卍の記された石板がありました。弟と協力してこれを動かそうと試みたものの、びくともしなかったその石板が動いたのは、弟が諦めて立ち去った後のことでした。こうして彼は、ディクムツェンポ王による迫害を逃れるため石板の下に埋蔵されていた経典の発掘に成功したのです。発掘から十一年後、彼は、自ら発掘した経典を開示しました。宇宙論・形而上学を記した『蔵窟（*mDzod phug*）』など教義学に関する教えを、ドゥ氏出身のドゥチェン・ナムカユンドゥン（Bru chen Nam mkha' g.yung drung）とその息子のキュンキギェルツェン（Khyung gi rgyal mtshan）に授けました。また、ゾクチェンの教えをシュ氏出身のシュイエー・レクポ（*Zhu yas legs po*）に、パ氏出身のパトン・ペルチョク（*sPa ston dPal mchog*）に『トウォ・ワンチェン（*Khro bo dbang chen*：憤怒大自在）』など密教の教えを授けました。

十二～十三世紀のディクン派の僧シェーラプジュンネーをはじめとする仏教徒たちによって、シェンチェン・ルガは、『十万頌般若経』を『カムチェン（*Khams chen*）』に、『二万五千頌般若経』を『カムチュン（*Khams chung*）』にというように、仏教経典をボン教経典に改変した人物として批判されています。このように名指しで批判されていることは、むしろ、彼がボン教の歴史、とりわけその教義形成過程上、革新的な役割を果たした重要な人物であることを証明していると言えるでしょう。

図1-3　ボン教を再興したシェンチェン・ルガのタンカ
（国立民族学博物館所蔵）

シェンチェン・ルガは、その名声の高さに嫉妬した仏教僧ロトン・ドルジェワンチュク（Lo ston rDo rje dbang phyug）によって毒殺されたと言われています。このロトン・ドルジェワンチュクという人物は、ランタルマ王による迫害で衰退した仏教の戒律の伝統を、中央チベットにおいて復興させた人物の一人です。彼が戒律を受けたのは、迫害を逃れ東北チベットのアムド地方にいた三人の僧から戒律を授かっていたラチェン・ゴンパラプセル（Bla chen dGongs pa r ab gsal：八三二？-九一五？）という人物からでした。『仏教史大宝蔵論』などの仏教史書によると、このラチェン・ゴンパラプセルはもともとボン教徒で、中央チベットからやって来たロトン・ドルジェワンチュクらに戒律を授けた後、記念の品として、持っていたボン教徒としての青の帽子に黄色い砂をかけ、これを授けたとされています。また、ボン教の文献でも、彼は、シャンシュンから伝わるボン教の戒律の相伝者とされています。開祖の子孫であり偉大なる「埋蔵経典発掘者」として、ボン教史上きわめて重要な役割を果たしたシェンチェン・ルガを毒殺した仏教僧がボン教徒の弟子であったというこの話には、何か大きな意味が隠されているのかもしれません。

十四～十五世紀のボン教学僧キュンポ・ロドーギェルツェン（Khyung po Blo gros rgyal mtshan）によって著された『シェンチェン・ルガ伝・南宝蔵《なんほうぞう》ボン史』には、師の急変を聞いて駆けつけた弟子のシュイェー・レクポに向かって語った最後の言葉が、次のように記されています。

おお、私の息子よ、年老いた私が役立つことをなし得たなら、このチベットにおいてボンの教えは、昇った太陽のごとくであったろうに、役立つことを少ししかなし得なかったため、いまはまだ明けの明星のごとくである。しかしこのボンの教えは、非常に大きな不可思議な力を持っている。故に、後に続く者たちよ、修行せよ。

師のこの言葉を実行するために、シェンチェン・ルガから教えを授けられた者たちの子孫は、それぞれ寺院を建立し、教えを伝承していきました。シェンチェン・ルガを看取ったシュイェー・レクポは、ギャンツェ近郊にキンカルリシン（sKyid mkhar ri zhing）寺を建立しました。シェンチェン・ルガ自身もペルデン（dPal ldan）という妻を娶り、リンチェンギェルツェン（Rin chen rgyal mtshan）という息子を設けていました。リンチェンギェルツェンは、ツァン地方のタルディン（Dar lding）に移住し、シェン氏は以降そこを本拠地としました。その子孫であるイェシェーロドー（Ye shes blo gros）は一一三三年にセルゴタモ（gSer sgo khra mo）寺を、ニマギェルツェン（Nyi ma rgyal mtshan：一三六〇-?）はリギェル（Ri rgyal）寺をそれぞれ建立しました。ドゥチェン・ナムカユンドゥンの孫であるドゥジェ・ユンドゥンラマ（'Bru rje g.Yung drung bla ma）は一〇七二年に、ツァン地方のトプギェル（Thob rgyal）谷にイェンサカ（dBen sa kha）寺を建立しました。この寺はボン教史上初の本格的な学問寺で、以降、ドゥジェ・ユンドゥンラマの出身氏族ドゥ氏による運営のもと、ボン教教義学の中心道場として発展してゆきました。

シェンチェン・ルガから伝わるゾクチェンと密教の教えを受けたメゥ氏出身のゴンゾー・リトーパ（dGongs mdzod ri khrod pa）は、二十四歳で出家し、その後、十三年間誰とも会うことなく瞑想修行に励み、幻の現れがボンの本性だと理解したことにより悟りを得ました。彼は「アティ（A khrid：ア字による導き）」という瞑想法の創始者とされています。彼の弟子の一人にメトン・シェーラブオーセル（Me ston Shes rab 'od zer：一一一八－一一九二）という人物がいます。その弟子のシェントン・ナムカギェルツェン（gShen ston Nam mkha' rgyal mtshan）によって著された『尊者の伝記』の中で彼は

　ボン教の善知識で、み教えの密意と、自身の理解を文字に書き著すことについて、このラマより多くをなした者はいない。すなわち、教えの灯明のごとき人物であり、戒律の相承者である。

と評されています。そのとおり彼は、『道次第三百頌（*Lam rim sum brgya pa*）』『律集論（*'Dul ba kun btus*）』『律略論（*'Dul ba mdor bsdus*）』『中観二諦《にたい》論（*dBu ma bden gnyis*）』『四語ボン輪（*Tshig bzhi bon 'khor*）』（以上を「五部論書」〈bka' rten sde lnga〉という）といった数多くの著作を著し、ボン教教義学の発展に大きな貢献を果たしました。彼の著作の中には仏教の文献が引用されています。十四世紀の学僧テトン・ギェルツェンペル（Tre ston rGyal mtshan dpal）は、その著作『ボン門明示（*Bon sgo gsal byed*）』の中で、仏教の文献を引用し、仏教の教義をまとめています。ドゥチェン・ナムカユンドゥンの息子で、父と同じくシェンチェン・ルガの弟子であったキュンキギェルツェンは、チベット仏教学問寺のモデルとなったとされるサンプネウトク（gSang phu ne'u thog）寺に入門し、チャパ・チョーキセンゲ（Phywa pa Chos kyi seng ge：一一〇九－一一六九）という学問寺における修行課程を制定し問答の習慣を

創始したとされる高僧に師事し、「弥勒の五法」や中観、因明学などを学んだとされています。

以上のことからわかるとおり、シェンチェン・ルガの教えに連なる者たちは、彼が切り開いた新たな道を進みながら、貪欲に仏教に学びつつ、教義的な力を蓄えていったのです。

新たなる僧院としてのメンリ寺の建立

チベット仏教でゲルク派の開祖ツォンカパが登場したのと同時期に、ボン教は大きな転機を迎えます。一三八六年、ボン教教義学の中心道場であったイェンサカ寺が洪水（一説によれば地震）により崩壊したのです。崩壊後、その伝統を引き継いだのは、当時同寺の学堂長の職にあったチベット東部ギャロン（rGyal rong）地方出身のシェーラプギェルツェンでした。

彼は地元でボン教僧として出家しボン教のさまざまな教えを学んだ後、中央チベットに遊学します。そして仏教の教義学をラサ北方ペンポ地方にあるサキャ派のナーランダ（Na len dra）寺で学び、中央チベットの仏教寺院を巡り、教義問答では負けることなく、その弁舌によって仏教徒のあいだで大いに名声を博した後、イェンサカ寺に入寺し、学堂長に任ぜられた優れた人物でした。

父母に会うために一時帰郷した後、イェンサカ寺への帰途、彼は同寺崩壊の知らせを受けました。一時途方に暮れましたが、護教神からの指示もあって、イェンサカ寺のあったトプギェル谷の奥に、同寺の僧院としての学問伝統を継承するための寺院を一四〇五年に建立しました。これがメンリ

図1-4　メンリ寺

(sMan ri) 寺（僧院）です。以降メンリ寺は、ボン教の教学と戒律伝統の中心地となりました。

シェーラプギェルツェンは、「ニャンメー(mNyam med：無比なる者)」あるいは「第二のブッダ」と呼ばれ、崇敬されています。その理由は、メンリ寺という僧院を築いたからだけではありません。彼は「幻のともしび」との名を冠した論理学、般若学、中観学から密教にいたるまでの数多くの著作（『因明分別・幻灯』『密義分別・幻灯』『中観二諦論註』『蔵窟註・幻灯』『律略註』など）を残しました。それらは僧院内での教科書として研究・学習されています。また現在僧院で用いられている規律を定めた人物でもあり、ボン教史上の画期を作った人物として大いに尊敬を受けています。

シェーラプギェルツェンの後継者たる僧院長は、彼の遺言により、一番弟子であるリンチェンギェルツェン（Rin chen rgyal mtshan）とされましたが、以降の僧院長は、「団子占い（rtags sgril）」によって決定されてゆきました。これは、候補者の名前が書かれた小紙片の入ったツァンパをこねて作った小さな丸い団子を候補者の数だけ準備し、それらを椀に入れ、守護尊・護教神に祈願しつつ転がし、椀から飛び出した団子の中に入っている小紙片にその名が書かれている者を僧院長として認定するという方法です。いわば、人為的に選定するのではなく、守護尊・護教神の意思に委ねるわけです。この方法は、一八三五年にはダワギェルツェン（sKyabs mgon Zla ba rgyal mtshan：一七九六－一八六二）によってメンリ寺の近郊に、同寺と同じく学問寺として建立されたユンドゥンリン寺（僧院）でも採用されましたが、他のボン教寺院で採用されることはありませんでした。メンリ寺建立以前、そして以降も、ボン教の寺院の多くは、特定の一族が――たとえばイェンサカ寺であればドゥ氏一族が――継承するという方法により運営されていました。この方法は、ボン教に特殊なものではなく、サキャ派やカギュ派などチベット仏教各宗派が、その勃興期に、本山を継承するにあたって採用していたのと同じ方法です。十四世紀になって、カルマ・カギュ派がいわゆる「トゥルク（化身ラマ）制度」を採用し、寺院や教団運営にさまざまな氏族や新たな政治的勢力が参与できる方途を見いだし、他宗派もこれにならいましたが、ボン教は、積極的にこの方法を採用することなく、一族による継承と運営を守り続けてゆきました。ボン教にも化身ラマが存在します。しかしその採用は、十六世紀後半以降のことで、主流とはなりませんでした。結果としてボン教は、カルマ派やゲルク派のように教線を拡大し、モンゴル人など新しい信徒を獲得することができず、政治的な権力や地位を確立することはありませんでした。

大蔵経の開版

ここまでの記述で、さまざまな経典や論書の名前をあげました。チベット仏教では、主にインドの言語から翻訳された経典・論書の集大成としての「カンギュル（bka' 'gyur）」「テンギュル（bstan 'gyur）」――いわゆる「チベット大蔵経」――や、チベット人高僧の著作をまとめた「スンブム（gsung 'bum：全集）」という形で、経典や論書がまとめられています。では、ボン教ではどうでしょうか。ボン教には、「カンギュル」と「カテン」という二つの集成が存在します。仏教のカンギュルが仏陀の御教え（カ）の翻訳（'gyur：ギュル）の集成であるのと同様、ボン教のカンギュルもシェンラプの御教えの翻訳の集成です。一方のカテンは「御教え（カ）に依るもの（rten：テン）」という意味で、内容的には仏教のテンギュルと同様、論書すなわち御教えに対する注釈を集成したものです。ただし、収められているものがチベット人の著作であり、翻訳ではないので、「ギュル（翻訳）」という言葉を用い、これを「テンギュル」と呼ぶことはありません。

では、この「カンギュル」や「カテン」は、いつごろ、このような形で集成されるようになったのでしょうか。はっきりとしたことはわかりません。ただ、カンギュルについて言えば、収録されている経典のうち最も新しい『ケルサン経（*bsKal bzang mdo*）』の成立が一つの指標になります。口伝で伝えられてきたこの経典は、一三八六年に、トニェンギェンツェン（Khro gnyen rgyal mtshan）に伝えられ、文字に書き表されたとされています。それゆえ、カンギュルの編纂は、少なくとも一三八六年以降のことになります。ここに、十五世紀のゲルク派の学僧チェンガ・ロドーギェルツェン（sPyan snga Blo gros rgyal mtshan：一四〇二―一四七二）の著作『ニンマとボンの体系』に見られる、「〔ボン教には〕仏教のカンギュル全体の代わりになるものがある」との記述を考え合わせると、ボン教のカンギュルは十四世紀の末から十五世紀にかけて成立したと推測することができます。

カンギュルは十八世紀に、チベット東部ギャロン地方で、その木版が開版されました。ギャロン地方は、メンリ寺の創建者シェーラプギェルツェンの故郷であることからわかるとおり、古くからボン教の力が強く、この地方の領主たる王家はボン教を支援しており、十八世紀のチベットにおいて、清朝とゲルク派の力の及ばない地域の一つでした。清朝の乾隆帝（在位一七三五―一七九六）は、この地方を二度侵攻しました。その二度目の侵攻で、ギャロン地方の王家は、乾隆帝の師たるゲルク派の高僧チャンキャ・ルルペードルジェ（lCang skya Rol pa'i rdo rje：一七一七―一七八六）による呪術の力と、イエズス会宣教師によって提供された大砲の力の前に、敗北を喫しました。同地方のボン教寺院ユンドゥンラテン（g.Yung drung lha steng）寺は、一七七八年にゲルク派に改宗され、テンペルリン（bsTan 'phel gling）寺と改名されました（文化大革命で破壊された同寺は、文化大革命終了後、ボン教寺院として再建されました）。カンギュルの木版開版事業は、ギャロン地方のボン教徒たちにとって、そんな苦難な出来事の最中に行われたのです。この事業を達成したのは、トキャプ（Khro skyabs）王家のクンガノルブ（Kun dga' nor bu）でした。彼は、一七七四年までに百十五巻を完成させました。侵攻を受けている最中に、これほど大事業を達成したことは驚愕に値しますが、その情熱の背景には、ギャロンの王家の宗教上の師となり、王家にこの大事業を引き受けさせたクンドルタクパ（Kun grol grags pa：一七〇〇-？）の指導力があります。一九五〇年代中頃までその印刷はおこなわれていたようですが、版木は文化大革命の最中失われてしまいました。一部の巻は、印刷されたものが残されています（チベット各地に残された巻を収集しまとめることで、全巻を復元できるのではないかとの期待を持っています）。

現在流通しているカンギュルは、東チベットに残っていた十九世紀にホル三十九部族の一つカギャの人々によって十年余の歳月をかけて作成され、後、サンガクリンパ（gSang sngags gling pa：一八六四-？）によってニャクロン（Nyag rong）にもたらされ、ウェルキュン（dBal khyung）寺に安置された写本を複製印刷したものです。

一方の「カテン」は、木版刊行されたことはありません。ただ、その目録は残されていますし、ロシアのチベット学者レーリッヒ（G.N. Roerich）が一九二八年にチベット探検の途中、ナクチュ地方で、百六十巻からなる写本を見たとの記録を残していますから、写本が作成された可能性はあります。現在は、ソクデトゥルク・テンペーニマ（Sog sde sprul sku bsTan pa'i nyi ma）師により一九九八年に集成・刊行された三百余巻からなるものが流通しています。

以上のカンギュルやカテンは、いわば寺院で伝えられてきた文献の集成です。近年では、これとは別の系統――すなわちチベット東北部の民間に残るボン教儀礼に関する文献が数多く写真複製され、刊行されています。

無宗派運動の中で――シャルザワとその弟子

十九世紀に入り、特に東チベットのカム地方で、無宗派運動が起こってきます。この運動の旗手であったジャムヤン・キェンツェワンポ（'Jam dbyangs mkhyen rtse dbang po：一八二〇-一八九二）は、ミシク・ユンドゥンジュンネーツェル（Mi shig g•yung drung 'byung gnas rtsal）というボン教徒としての名前を持ち、いくつかの著作の署名にこの名を使っています。またコントゥル・ロドータイェー（Kong sprul Blo gros mtha' yas：一八一三-一八九九）――ボン教徒の家に生まれ、ボン教の教育を受けましたが、後にニンマ派のシェチェン（zhe chen）寺に入り仏教の戒律を受けた人物――は、自ら編纂した埋蔵経典の集成「リンチェンテルゾー（Rin chen gter mdzod：埋蔵教全書）」に、いくつかのボン教の文献を収録しました。このように無宗派運動では、当初よりボン教が重要な同志とされていました。この運動の中で、コントゥルらと交流しながらボン教徒として大きな役割を果たしたのが、シャルザワ・タシーギェルツェンです。彼は自身の故郷シャルザの地にシャルザ・リトー（Shar rdza ri khrod）という修行場を開設し、ここを拠点として弟子を育て、数多くの著作を著しました。ボン教の源泉と歴史を説いた『レクシェーゾー（*legs bshad mdzod*：善説宝蔵）』、顕密無上の道次第を説いた

図1-5　シャルザワ・タシーギェルツェン(『ボン流儀の教導本の内容をとりまとめた菩提道次第の指南』木版本より)

『デノーゾー (*sDe snod mdzod*：経蔵宝蔵)』、一切乗の宗義を明らかに示した『ルンリクゾー (*Lung rig mdzod*：教理宝蔵)』、無上乗の因道果を詳らかにした『インリクゾー (*dByings rig mdzod*：界識宝蔵)』、ゾクチェンの教義の心髄を示した『ナムカゾー (*Nam mkha' mdzod*：虚空蔵)』の五つが代表的著作であり、これらは「ゾーガ (*mdzod lnga*：五蔵)」と総称されました。興味深いことに、彼は、自らの著作をすべて全集の形にまとめ、さらにそれらを木版で印刷し、自らの考えを広めていったのです。こうした彼の著作には、仏教側から、さらにはボン教の、特にメンリ寺で学んだものたちのあいだから、仏教の焼き直しではないかとの批判がありました。たとえば『インリクゾー』は、ニンマ派のゾクチェンの文献の引き写しではないかという批判です。シャルザワ自身は二十四歳のとき、ザ・テンチェン (rDza sTeng chen) 寺において、巡錫中のユンドゥンリン寺の僧院長ケルサンニマ・トクキギェンツェン (sKal bzang nyi ma tog gi rgyal mtshan) から、正式な出家者としてのタンソン戒を受けていますので、戒律の上ではメンリ寺の伝統に属する人物です。『インリクゾーへの疑念払拭・闇中灯明』の中で彼は批判に対し、ボン教独自の考えが含まれている箇所を具体的に示しつつ、「その〔上下〕二巻の始めから終わりまですべての章にわたって、我々〔ボン教〕のタントラを引用し、典拠を示している」と、自らの著作がボン教の伝統に則っているものだと反論します。ともあれこのように批判の対象となった著作を含む彼の全集は、メンリ寺において精査が行われ、最終的には、当時のメンリ寺の僧院長プンツォクロドー（Phun tshogs blo gros）から「我らニャンメー・ラマ（＝シェーラプギェルツェン）の流儀と矛盾せず」との回答を得ることになりました。

一方でシャルザワは、瞑想法「アティ」の加行のテキスト『み言葉の海』の中に次のようなことを述べています。

見解たる四法印などを認める点で、ボンと法の両者のあいだには毛ほどの違いはないが、自他（ボン教と仏教）両者が同じであることを知りながら、一方を誹謗することは、自分で自分を地獄に送る原因を作るということである。

また、彼が残した「教戒」に

ボンと法とは隔てなく
いずれも真理、一つなり

いずれの道より入れども
仏の教えを浅知恵で
区別するなと戒めん

とあります。これらの言葉から彼が、ボンと法、すなわちボン教と仏教が、ともに仏の教えという点で同じであるという考えを持っていたことがわかります。以上のようにシャルザワは、ボン教徒としてのアイデンティティを強く主張しながら、一方で、仏教とうまくやっていこうという考えの持ち主だったのです。

そうした考えは、彼の直弟子の一人、ツルティムテンビーギェルツェン（Tshul khrims bstan pa'i rgyal mtshan：一八八八-一九三二）という人物にも受け継がれています。当時ボン教の中では、パドマサンバヴァをテンバナムカの息子と考える――すなわちパドマサンバヴァを仏教・ボン教併修の人物と考える――「ボンサル（bon gsar：ボン新派）」の考えが批判されていました。そんな中でシャルザワも「ボンサル」の考えの持ち主と目されていました。ツルティムテンビーギェルツェンは、『真実の説・春の使者の妙音』という著作を著し、自身の立場を「ボンサル」と明確にしつつ、ボンに新旧の区別なしということを主張しました。また『ボン流儀の教導本の内容をとりまとめた菩提道次第の指南』という著作を残しています。この著作で説かれている「菩提道次第」という教えは、仏教にもあります。仏教にもこの教えがあるが、自分の説く教えはボン教のものなのだということを明確にするために、彼はこの著作の中で、典拠としてボン教文献しか引用していません。テキストの名前に「ボン流儀」という名前が付けられているのは、ボン教徒としての彼の立場を明確にするためなのです。

おわりに

以上のようにボン教は、仏教伝来以前の土着の信仰の要素を基盤として、仏教からの影響を受けながら教義を整備し、教団組織を編成していった宗教です。彼らの歴史を俯瞰すると、随所に――たとえば、本章で示した迫害の際にテンバナムカのとった行動や、シャルザワとその弟子たちの姿勢に――敵対する相手の主張を受け入れつつも完全に同化せず、自らのアイデンティティを鮮明にするという、生き残るための強い姿勢を見て取ることができます。ユンドゥンリン寺を建立したダワギェルツェンは、メンリ寺で修行しながらも、近郊のサキャ派の寺院キーツェル（sKyid 'tshal）寺で仏教の教義学を学んだ後、サキャ寺で行われた問答で勝利し、サキャ派の総帥から同寺にとどまるよう要請されましたが、これを断っています。ここにも、彼らのそうした姿勢が現れています。

チベット各地にボン教寺院が存在し、現在、活発な活動を行っています。歴史的過程の中でメンリ寺が、それらの寺院といわば本寺末寺の関係にあって、すべてのボン教寺院と信徒たちを管理してきたのかというと、そうではありません。本章の中でメンリ寺を「教学と戒律伝統の中心地」と呼び「ボン教の総本山」と呼ばないのはそのためです。地方のボン教徒たちは、それぞれ独自の伝統を有しています。

たとえば、東北チベット・アムド地方のレプコン（現在の青海省黄南州同仁県を中心とする地域）では、迫害を逃れたテンバナムカが来訪し修行を行い、寺院を建立したとされています。そして、ランタルマ王の時代には、チティン・コルローギュルワ（sPyi rting 'Khor los bsgyur ba）、ンゴモ・イェシェーツォギャル（Ngo mo Ye shes mtsho rgyal）、キュンポ・キュンカルツァンパ（Khyung po Khyung dkar tshangs pa）の三兄弟――この三人を「レプコン三成就者（Reb gong grub thob rnam gsum）」と呼ぶ――が、東チベットのキュンポ・テンチェン（Khyung po sTeng chen）より来訪し、それぞれ寺院を建立し、テンバナムカにより同地にもたらされた教えをさらに栄えさせたとされています。このように、レプコンのボン教は、シェンチェン・ルガに始まる伝統とは異なる伝統のもとで、その発展が始まったのです。この地にはウォンギャ（Bon brgya）寺という僧院があって、現在は出家僧侶たちが、メンリ寺と同様のカリキュラムに基づいた修行を行っています。ところが、二十世紀の初めに、新たな堂宇や仏塔の建立によってこの寺の規模拡張を行ったウォンギャ・ヨンドンプンツォク（Bon brgyag.Yung drung phun tshogs：一八七四－一九三四）の自伝を見ると、メンリ寺との直接的な関係を窺わせる記述は見あたりません。むしろ、レプコンの地で宗派の別（ボン教・ニンマ派・ゲルク派）なく教えを受け、かつ、自身の受けた教えをそれぞれの宗派の信者たちに伝えるという活動を行っていたことがわかります。

この地には「レプコン・ウォンマン・プルトク・トンタン・グブギャ（Reb gong bon mang phur thogs stong dang dgu brgya：レプコンのプルバを持つ密教行者千九百人）」と呼ばれる在家密教行者の組織があります。彼らは家庭を持ち、他の仕事も行いながら、独自の定めのもと、出家僧侶とは異なる衣

図1-6　レプコンの在家密教行者たち
(上)春と秋に行われる法要のうち春の法要の前日に、施主の家で読経している様子
(下)春の法要で行われるチャム(仮面舞踏)に参加している在家密教行者たち

をまとい、長髪を蓄えています（彼らが長髪を蓄えているのは、それが密教の修行に必要な「四不作為」と呼ばれる条件の一つだからです。またそのために、「長髪の灌頂《かんじょう》〈dbang〉」を受けています）。ボン教信者がいる各集落には「スィーカン（gsas khang：「スィー」はシェンラプの故郷ともされるシャンシュンの言葉で「神」の意味）」と呼ばれるお堂が設置されており、在家密教行者たちは定期的にここに集まり、儀式を行います。現在、中央にメンリ寺の創建者シェーラプギェルツェンの像を祀った「スィーカン」がありますが、興味深いことに、このようなことは一九五八年以前には見られなかったということです。中央に祀られていたのはシェンラプミボの像だったのです。

このようにボン教は、さまざまな伝統を有しています。全チベットの信徒を束ねた強固な教団が構成されているわけではありません。しかし、シェンラプミボの教えを奉ずるという点において、緩やかな一体感を持ちながら、彼らは歴史を刻んできたのでした。

第2章

ボン教の文化——ボン教僧院と地域社会

小西賢吾

はじめに——ボン教との出会い

人生は、程度の差こそあれ、その方向性を左右するような「偶然の出会い」に彩られている。グローバル化やネットワーク技術の発達によって、それまで縁もゆかりもなかった場所や人とつながることができる現代においては、出会いの機会や範囲も大きく拡張する。筆者は、ボン教と偶然に出会い、ボン教とともに生きる人びとを知り、ボン教徒の人類学的研究で博士論文を書くことになった。これは、まったく予想もしないことであった。ボン教と出会ってから約十五年、細々ながらもその研究を続けてこられたのは、神秘的な他者への好奇心ではなく、彼らの生き方に、文化や地域を越えて共感できるものを感じていたからである。

ここでは、筆者が行ってきたフィールドワークの経験から、ボン教の持つフレキシビリティやレジリエンスについて考えていきたい。主な舞台となるのは、チベット高原の東端部に位置するシャ

図2-1　谷間に広がるシャルコク

ルコク（Shar khog）という谷である。この地域は、チベット高原でもボン教が広く保持されている貴重な場所として知られ、現在では中国の四川省アバ州松潘《ソンパン》県に属する。長江の源流の一つである岷江《ミンコウ》が刻んだ広い谷底に、チベットの主食ツァンパの原料であるオオムギの畑が広がり、斜面には放牧されたヤクやウシの姿を眺めることができる。その間に人びとの住む村落と僧院が点在している。

フィールドを求めてあてのない旅をしていたとき、偶然にバスの窓から見えた風景に惹かれ、どこか懐かしさを覚え、ここしかない、とすでに決心がついていた。そこで目にとまったきらびやかな僧院がボン教のものであることを知ったのは、その後のことであった。帰国して京都に戻ったころ、ちょうど京都大学に招聘されていたフランス国立科学研究センター名誉教授、サムテン・カルメイ（Samten Karmay：一九三六−）氏と出会ったことで、筆者はボン教研究へと導かれることになった。驚くべきことに、カルメイ氏は私が偶然出会ったシャルコクの僧院で若き日を過ごし、その後ヨーロッパにわたり世界的なチベット学者としての地位を築いた人物であった。まるでお膳立てが出来ていたかのように偶然と幸運が重なって調査ができることになり、この地域で暮らすボン教徒たちが経験してきた激動の歴史を知ることになったのである。

マイノリティから「チベットの基層文化」へ

ボン教はチベットで古来受け継がれてきた多様な思想や技法を含んだ総合文化であるが、長い間、その実態はよく知られていなかった。その背景として、仏教の国教化に伴ってボン教がマイノリティの地位に追いやられたことが挙げられる。ボン教はマジョリティの仏教徒から「正統でない」「洗練されていない」とみなされる多くの要素を含んでいる。チベットの宗教では、出家者としての僧侶の共同体である僧院において、綿密なテクスト研究に基づく学問の伝統が積み重ねられてきた。ボン教にはそうした側面もあるが、それだけではなく、山中の洞窟で個人的に行われる種々の修行や、現世的な願望成就のための占いや呪術的な実践もまた伝わっている。

あるボン教僧は、町で出会った仏教僧に「ボン教は原始宗教で、殺生や血を使った儀礼を行うのだろう」ということばを投げかけられた経験を筆者に語ってくれたことがある。これは現在のボン教徒からするとまったく誤った認識なのだが、ボン教に対する仏教徒のイメージをうかがい知ることができるエピソードである。

こうしたイメージは、二十世紀初めにボン教に関心を持った西洋の人びとにも共有されていた。この時期にボン教のことを知ったチベット学者や探検家は、ボン教をprimitive religionや、pre-Buddhist religionであると考え、仏教と比較して劣位に捉える視点が支配的であった。たとえば、一九二八年八月二十二日の『The New York Times』の記事では、ボン教は黒魔術として紹介されており、原始的でおどろおどろしい実践というイメージが伝えられている。

こうしたまなざしに変容をもたらしたのは、皮肉にも、チベットが中国の支配を受け、多くのチベット人が国外に脱出し拡散したことであった。この過程で、ボン教徒が西洋人をはじめとする外部の人びとと初めて本格的に交流し、ボン教の実態が徐々に知られるようになったのである。中でも、英国のチベット学者デイヴィッド・スネルグローブ（David Snellgrove）がロックフェラー財団の支援を受けて、一九六一年に三人のボン教僧侶を英国に招聘したことは特筆すべき出来事であった。これは、ボン教が「原始宗教」ではなく洗練された体系をもった宗教であることを広く知らしめるきっかけとなった。いまでは、ボン教研究は「チベットの基層文化」を解明するために不可欠な領域だと多くの研究者は考えている。

チベット学で培われたボン教への知見は、亡命チベット人社会にも影響を与えた。かつてチベットの宗教は仏教の四大宗派（ゲルク派、カギュ派、サキャ派、ニンマ派）と呼ばれていたが、いまはボン教を含めて五大宗派と呼ばれることが多くなっている。一九七八年、チベット亡命政府はボン教を伝統宗派の一つとして認めた。この決定には、英国から戻ったボン教僧侶たちの働きかけがあった。これに伴って、亡命チベット代表者議会にボン教の議席が設置され、ボン教徒は公的な地位を認められることになったのである。

一方で、いわゆるチベット本土に目を移すと、一九五〇年代から七〇年代にかけて、宗教活動は壊滅的な打撃を受けた。特に文化大革命期には、僧院の破壊や僧侶の還俗などによって、ボン教に限らずあらゆる宗教実践が公的な場で行うことを禁じられた。これは、一九四〇年代以前から受け継がれたさまざまな知識や、僧院の後継者の断絶を引き起こした。一九八〇年代、改革開放のなかで宗教活動への規制が緩和されたことによって宗教復興が起こり、僧院が再建され、儀礼が再開された。チベットに住む人びとは、「宗教管理条例」をはじめとする政府の宗教政策と何とかバランスをとりながら、宗教と地域社会の関係を結び直し維持する取り組みを続けている。

こうした中で、西洋の知見を逆輸入しながら、中国でもボン教へのまなざしが変化してきた。ボン教は、チベットの「本土宗教」（「土着の宗教」をあらわし、外来宗教としての仏教と対置されることば）と位置づけられ、現地調査やテキストの集成、刊行など、大きな研究プロジェクトが進行している。ボン教の地位の変化について、ある若い僧侶は「昔は仏教の僧院に行くときは、ボン教徒であることを隠さなければいけなかったが、いまではそのようなことはない。ボン教の歴史が一番長いことが証明され、私たちのことを知っている人が多くなったから」と述べている。

この語りからも読み取れるように、ボン教徒たちと共にいると、かれらのボン教に対する強い誇りを感じることが多い。それは、単なるプライドの高さではなく、接する相手をポジティブにするような力を持っている。ここで述べてきた、マイノリティから「チベットの基層文化」へとボン教の地位を変化させた原動力の一つは、この誇りであると考えられるが、それはどこからきたのだろうか。ここからは、地域社会の中のボン教の実態から、その問いを考えてみよう。

現代ボン教のキースポット、シャルコク

筆者が足かけ十五年にわたり足を運んでいるシャルコクは、チベットの中心都市ラサから非常に遠く離れた辺境の地である。この地域は、古くから中国の王朝と異民族が接触する最前線であり、同時に地域や民族をまたぐ交易の要所であった。現代では「茶馬古道」と称されるこの交易ルートは、南は雲南に連なり、発酵した茶葉を固めたものがチベット高原にもたらされた。チベットの代表的な飲み物、バター茶にはこの茶葉が欠かせない。チベット側からは、青海湖周辺で採れる岩塩や羊毛などが運ばれた。

かつてシャルコクに住む人びとは、ヤクに積み荷を負わせたキャラバンを組んでこのルートを行き来し、交易の仲介者として生計を立てていた。シャルコクの中心にある松潘周辺には、漢族やムスリムも多く居住しており、多様な出自の人びとが共存してきた。この地域のチベット人が、他の

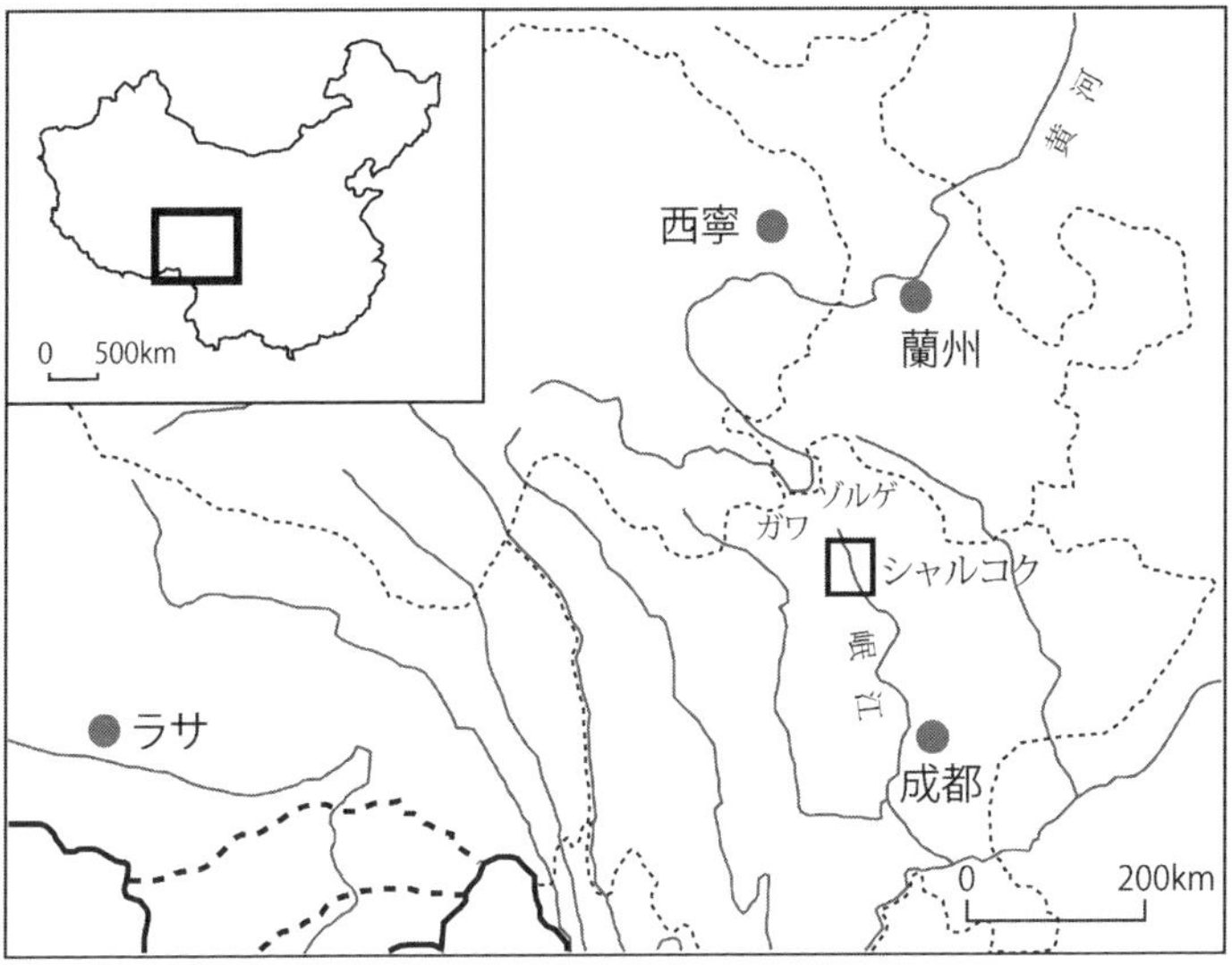

図2-2　シャルコクの位置

民族との日常的な交流の中で自らの文化を継承してきたことは、チベット人がマジョリティを占めている地域と比べて特筆すべき点だと考えられる。

かつての交易ルートは、いまでは立派に舗装された幹線道路となり、荷物を満載したトラックや観光バスが行き交う。中国の開発政策に伴って急速に各種インフラが整備され、二〇〇三年に開港した九寨黄龍《きゅうさいこうりゅう》空港からは、中国の各都市を結ぶ直行便が一日数十便発着する。四川省の省都である成都まではかつて一日がかりの旅程だったが、空路で約四十分に短縮された。数年中には、高速鉄道も開通する見込みである。このように急速に変貌する風景の中で、谷から仰ぎ見る聖山は変わらぬ偉容を示している。

静かな谷に広がる田園風景は、チベット

図2-3　シャルコクの田園風景

高原の厳しい自然環境を忘れさせ、どこか日本の農村のような雰囲気をも感じさせる。だが、谷を囲む山々は標高五〇〇〇メートル近くに達し、むき出しの岩肌や万年雪が、近寄りがたい畏怖の感情を呼び起こす。チベットにおいて、山は登山の対象ではなく、仰ぎ見て巡拝するものであった。それは、山にさまざまな神々が宿ると信じられてきたからであり、その多くは仏教伝来以前からのルーツを持つボン教と深いつながりをもつと考えられてきた。

世俗の人びとが暮らす村と、出家者が暮らす僧院、そして聖山の関係は、チベット高原の宗教的空間を考える上で基本的な要素である。集落は現地のチベット語でデワ（sde ba）と呼ばれるが、いくつかのデワが僧院を支えていることが多い。チベットでは一家の男子のうち一人は僧侶にするという規範が長らく受け継がれてき

図2-4　聖山ドゴン

た。デワは、僧侶の供給源であるとともに、僧院に布施を行い、僧侶たちがそれに応えて儀礼を執り行うという関係が築かれた。デワはラデ（lha sde：神・村）と呼ばれることがあるが、これは日本でいう氏子や檀家の感覚と通じるところがある。しかし、日本との大きな違いは、儀礼や行事のときだけではなく、日常的に僧院と世俗の人びとが密接な関係を取り結んでいることにある。家族や親戚の誰かが必ず僧侶になっているので、皆で僧侶の暮らしを支えるという意識が必然的に高くなる。

シャルコクの聖山は、ネーリ（gnas ri）とシダク（gzhi bdag）という二つのカテゴリーに分けられる。前者は、ボン教の聖典に登場する護法神と対応し、地域を越えた尊崇を集め、巡礼の対象になる山である。後者は、よりローカルな土地神が宿り、特定の集落を守ると考えられている。筆者が調査を続けてきた集落のシダクは、ドゴンと呼ばれる標高四八〇〇メートルの岩山である。伝承によると、この山の頂きには「風の刃」が舞っていて、近づくものを寄せ付けないという。一方で、山の中腹からは豊かな水や木の実、そして薬草を得ることができ、まさに人びとの生活を潤している。人びとは、小高い丘の上にラツェ（la btsas）と呼ばれる山神の遙拝場所を作り、長さ二メートル以上の大きな木製の矢を奉納する。こうした、集落・僧院・聖山がセットになった宗教的空間は、チベット文化圏で広く見られるが、多くの地域では、刻々と変化する政治状況や、諸宗派の勢力争いに巻きこまれることが珍しくなかった。

この辺境地域を治めていたゴワ（'go ba：頭人）と呼ばれる領主たちは、十八世紀に清朝から土司の位を与えられた。土司制度は、中央政府が官職を授けた上で従来の慣習に則った統治を認める間接統治制度で、特に中国西南部の辺境で広く行われた。実際にゴワたちは清朝からの政治的・軍事的介入をほとんど受けなかったといわれる。同時に、ラサのチベット政府からも遠く離れ、その影響を受けることもほとんどなかった。中央から離れていることは、この地域の独立性を高めることにつながった。チベット仏教の拡がりに伴って、ボン教徒たちは仏教に改宗していった。特に、アムド出身のツォンカパを祖とするゲルク派は、東チベットに大きな影響を及ぼした。かつてボン教の中心地として知られたギャロン（rgyal rong：現在の四川省アバ州金川県周辺）では、多くのボン教僧院がゲルク派の僧院へ姿を変えた。シャルコクは、その周縁性のゆえに、こうした動きから距離をとることができた可能性がある。

シャルコクがボン教徒の間で存在感を高めたのは二十世紀以降のことである。中央チベット、ツァン地方のメンリ僧院（寺）は、十四世紀の建立以来ボン教教学の中心地となり、シャルコク出身の多くの僧侶も学んでいた。中には僧院の要職に就く者もいたが、特筆すべきなのは、二十世紀中盤に多くのチベット人たちがインドに亡命した後、メンリ僧院の第三十三代僧院長となってボン教徒をまとめあげ、伝統の保全とボン教徒の社会的地位の向上に尽力したルントク・テンペーニマ（lung rtogs bsten pa'i nyi ma：一九二九-二〇一七）その人が、シャルコク出身だったことである。

この僧院長は、英国に招聘されたボン教僧侶の一人で、ノルウェー、オスロ大学で研究活動をしていたときに選出され、インドへと駆けつけた。メンリ僧院長は、候補となる僧侶の名前を書いた紙を練り込んだツァンパ（チベットの主食の麦焦がし）の団子を作り、特別の鉢に入れて振る儀礼を行い、最後に飛び出た団子に記された者が選ばれる。そのため、特定の系譜に影響されない。ルントク・テンペーニマは、約五十年にわたりボン教徒の精神的支柱として活躍した後、二〇一七年に遷化した。すぐに後継の僧院長の選出儀礼が行われたが、そこで選ばれたのは奇しくも同じシャルコク出身のダワ・タルギェー（一九七〇-）であった。

チベットの人びとは、出身地への強い帰属意識を持つことが多い。現在では特定の地域を越えて、ボン教徒としてのまとまりが指向されているとはいえ、ボン教の最高指導者が二代続けてシャルコク出身であることは、この地域がボン教徒全体にとって重要な意味を持つことを物語っている。筆者が世界各地で出会ったボン教徒にインタビューする際、シャルコクとの縁を明かすと、「ああ、リンポチェ（高位の僧侶への尊称で、ボン教徒の間ではメンリ僧院長を指すことが多い）の故郷だね」とすぐに話が進むことが多かったのである。

ボン教僧院の近代と二十一世紀

ここからは、筆者が研究対象としてきたシャルコクのキャンツァン僧院を舞台に、ボン教徒がさまざまな困難をかいくぐって生きぬいてきた過程をみていきたい。それは、大きく四つの段階に分けることができる。すなわち、⑴一二六八年に僧院が創建されてから中国の支配下に入る一九五〇年代まで、⑵二十世紀中盤の混乱期、⑶改革開放後の復興期、⑷二十一世紀以降の観光地化と経済成長の時代、である。

一九五〇年代までの僧院——伝統を継承した人びと

一九四〇年代までのシャルコクには村々と僧院からなるショカと呼ばれる共同体がいくつか存在し、前節で見たようにそれぞれを治める領主ゴワがいた。かれらは僧院の有力なパトロンとしてその運営を支え、僧院長とも深い結びつきをもっていた。もともとボン教には、特定の氏族が僧院の継承と結びつく氏族宗教的な側面が見られ、チベット仏教でよく知られる化身ラマの転生による継承は少数派である。キャンツァン僧院では、僧院長の世襲は創建後数代で断絶したが、その後の僧院長の選出や僧院の改修には、ゴワの意向が大きく影響した。ゴワの一族は、地主として、また交易キャラバンのとりまとめ役として、大きな経済力と社会的影響力を有していた。時には、ゴワの一族から僧院長が出ることもあった。こうしたゴワと僧院の密接な結びつきは、ゴワの権力が保障されている限り安定した宗教実践の場をもたらした。

キャンツァン僧院は、一二六八年の創建以来、六回にわたって破壊されたと伝わっている。その原因は、地震、戦乱、水涸れ、火災などであるが、もともとの建物が使えなくなり、そのたびに少しずつ場所を変えて再建された。

二〇二〇年現在の僧院は、一九六〇年代の文化大革命期に破壊された建物を人びとが再建したものである。破壊される前の僧院を、一九一六年にいまの場所に築いたのが第十五代の僧院長であるアンガ・テンパツルティム（a sngags bstan pa tshul khrims：一八四七–一九三二）であった。アンガ・アク（アクはもともと伯父を示すことばであるが、この地域では優れた僧侶への敬称としても用いられる）として知られるこの人物は強力な神通力を持っていたといわれ、彼が手を触れて湧出させたと伝わる泉がいまでも僧院の前にある。

アンガ・アクは、剃髪した僧侶ではなく、髪を長く伸ばした行者の姿だったと伝わっている。一九〇八年にシャルコクを訪れたフランスの軍人ドローヌ（D'ollone）は、ボン教徒と仏教徒、イスラム教徒が並んだ写真を撮影している。その写真の中で、ボン教徒とされる人物は伸ばした髪を編んで垂らしている。この写真だけからは断定できないが、当時のシャルコクではこうした行者の姿が

図2-5　1908年のボン教徒（左端の人物）の写真（ドローヌ『シナ奥地を行く』矢島文夫・石沢良昭訳、白水社、1982年、189頁より）

珍しくなかったとみられる。アンガ・アクの髪にまつわる、よく知られたエピソードがある。彼は七十三歳のころ大病にかかったが、周囲の人びとはまだこの世にとどまってほしいと願った。その願いを受けいれるとたちまち病は癒え、白かった髪が黒く変わったという。このときには、チベット人のみならず、松潘を拠点とする漢族の役人たちも長寿を願ったことが伝えられており、ボン教の有力な指導者が民族を超えた崇敬を集めていたことがわかる。

　アンガ・アクのあとを受けて僧院長に就いたシェーラプ・テンペーギェルツェン（shes rab bstan pa'i rgyal mtshan：一九一〇－一九五五）は、ゴワの一族の出身であり、アク・オンボ（オンボ〈dpon po〉はチーフや頭目を指し、ゴワとの関わりを示す）と呼ばれた。行者の姿をとったアンガ・アクとは対照的に、アク・オンボはメンリ僧院と並んで中央チベットの有力な僧院であったユンドゥンリンの僧院長から戒律を受けてゲロン（dge slong：すべての戒律を受けた僧侶、比丘に相当する。ボン教ではタンソン〈drang srong〉とも呼ばれる）となった人物である。ゾクチェンの成就者として宗派を超えて知られるシャルザワ・タシーギェルツェンをはじめ、東チベットでボン教

たと、当時を知る者は語る。その一方で、夜中密かに僧侶の住まいを訪れて読経を依頼していたという話も聞かれた。

僧院の活動が停止したことは、チベット語の読み書きを学ぶ場が失われたということも意味していた。一九六〇年代生まれで現在僧院を支える世代になっている僧侶たちの中には、この時期に個人的に読み書きを習っていたと回想する者もいる。このように、ボン教の伝統は完全に断絶したわけではなく、私的な領域で受け継がれてきたことがわかる。それは、ボン教が限られた人びとの間で秘儀的に受け継がれてきたわけではなく、高僧への社会的な崇敬は根強く、人生儀礼など人びとの日常生活と密接に関わるものであったことが背景にある。

改革開放後の復興期

一九八〇年代になると、改革開放のなかで、宗教活動が徐々にではあるが認められるようになり、僧院再建の機運が高まった。僧院長となったロゾン・ジャムツォ（blo bzang rgya mtsho：一九二八－一九九二）、通称アク・ソンガは、アク・ドゥランパの弟子であり、僧院再建のための支援を求めて自ら各地を回った。かつて人民公社のものであった倉庫が解体され、その資材が僧院のために提供された。僧院が破壊されたときとは状況が逆転したのである。シャルコクのボン教僧侶たちは、僧院の垣根を越えて、合同で宗教知識の継承に取り組み、新たな世代の育成にも着手した。それぞれの僧院の再建が軌道に乗るにつれて、かつての僧院と地域社会の関係も再構築されていった。

ところが、ここでキャンツァン僧院は大きな問題に直面することになる。一九九一年にアク・ソンガが死去した後、後継者がなかなか決まらなかったのである。かつて僧院長の決定に大きな役割を果たしていたゴワの家系が絶えたこと、そして混乱期に僧侶の間に世代の断絶が起きていたことが大きな原因であった。世俗の政治権力は、もはやかつてのような僧院のパトロンではなく、政策を通じた管理者へと変容した。また、アク・ソンガをはじめとするベテラン世代の下は、改革開放後に僧侶になった若手が中心であり、いわば中堅世代がごっそり抜け落ちた状態であった。

ここに助けの手をさしのべたのが、インドから一時帰郷していたメンリ僧院長、ルントク・テンペーニマであった。彼はキャンツァン僧院の僧侶たちを激励し、後継者候補になる僧侶を指名したのである。その後も数年間混乱は続いたが、結果的には当時の若手世代、すなわち一九八〇年代に僧侶になった世代に僧院の運営が受け継がれることになった。世襲による継承や、高僧の転生系譜を持たないキャンツァン僧院にとって（それは現在の他の多くのボン教僧院でも同じである）、「正統」な後継者探しには困難が伴う。現在でも、僧院の集会堂に設置された宝座は空位のままであり、僧院長は「人びとの合意によって選出されたラマ」という位置づけにとどまっている。とはいえ、人びとのフレキシブルな対応によって、僧院の運営は保たれてきたのである。

その中で、一九九九年に僧院のロポン（slob dpon：この僧院では学頭、主任教師を意味する。他のボン教僧院ではポンロプと呼ばれることもある）に就任したアク・プンツォは、その学識と人格で人びとの尊崇を集め、僧院長ではないものの指導的な立場に立つことが多くなった。彼を中心として進められた代表的なプロジェクトが、後継者育成のための教育機関の整備であった。僧院に併設して二〇〇一年に設置された施設では、チベット語の読み書きから教理哲学、儀礼の方法、三年間のゾクチェン修習など、多様な形での学びが準備された。ここで学んだ第一世代の僧侶たちの中には、村落で日々儀礼を執り行う者から、僧院の運営に関わる者、そしてより大規模な僧院に移動して修行を続けている者など、多彩な人材が生まれている。

重要なのは、こうした地域の僧院は、必ずしも学問を極めたエリート僧侶を輩出するだけではなく、僧院と地域社会との関係を維持するための多様な人材を生み出す場として機能していることである。ゴワというパトロンを失った時代において、それを可能にしたのが、世俗の人びとから僧院への支援であり、その背景にある、日常生活に密着した宗教実践のあり方だった。

経済成長の中で活性化するボン教

中国西部の諸地域は、沿海部に比べて経済的に立ち後れていることから、大規模な開発が政府主導のもとで一九九〇年代後半から展開した。シャルコクは、一九九二年に世界自然遺産に登録された九寨溝、黄龍自然保護区に隣接している。この自然保護区が整備され、中国でも有数の観光地となったことが、人びとの生活を一変させることになった。インフラの整備や観光産業の振興は、多くの雇用と収益を生み出し、一九九七年から二〇〇七年の十年間で松潘県のＧＤＰは約四倍に増加した。二〇〇八年の四川大地震、二〇一七年の九寨溝地震、そして新型コロナウイルス感染症で観光業は打撃を受けたものの、中国有数の観光地としての地位は揺らいでいない。

こうした社会状況の変化は、交易の仲介者としての役割を失ったシャルコクの人びとに新たな現金収入のきっかけをもたらした。急激な経済成長は、人びとの物質的な生活水準を変化させることにとどまらず、地域で受け継がれたボン教の実践の活性化をもたらした。かつての領主にかわり、富裕化した一般の人びとが僧院を支えるパトロンとして重要な役割を果たすようになったのである。

集団生産制が解体し、生業が多様化したことによって、共住や共通の生業を持つことを前提とした村落コミュニティのつながりは希薄化している。夏には出稼ぎや薬草採集のため村には人の姿がなく閑散としている。そうした中で、人びとが集まる結節点として宗教実践の場は機能している。僧院を中心として行われる年中行事は、その典型的な例である。中でも最も多くの人が集まるチベット暦二月に行われる「マティ・ドゥチェン」と、十二月ごろに行われる「ゴンジョ（sngon 'gro）」では、ボン教が観念的な実践のみならず、日常生活や身体と結びついていることを見て取ることができる。

マティ・ドゥチェンでは、十五日間にわたる密教儀礼が行われ、悪霊を祓い村落を清めることを主な目的としている。そのクライマックスで、仮面舞踊であるチャム（'cham）が人びとの前で演じられる。チャムは単なる舞踊ではなく、それを通じて神々が実際に顕現するとされ、僧侶たちにとっては重要な修行の一環である。それは、人びとの耳目を集めるスペクタクルとしての側面を持ちつつ、儀礼の効果が明示的に示される場でもある。ボン教を代表する尊格の一つシペ・ギェルモ

図2-6　マティ・ドゥチェン　マティはボン教の代表的なマントラである「オーンマティムイェサレドゥ」の意であるが、ここでは儀礼の際に作られるマンダラの名称でもある。また、ドゥチェンは「大きな時」を表し、特別な儀礼が行われる日を指すことばである。

図2-7　ゴンジョ

(srid pa'i rgyal mo) が登場する場面で、堂内からニャウォと呼ばれる人がたが取り出される。これはツァンパなどを用いて作られ、悪鬼をかたどったものであるが、これをシペ・ギェルモが手にした剣で切り刻み、矢を射かける。この場面は、見る人びとに畏怖の念を引き起こす。日頃の生活で悪行を為したり、やましいことがあると本当に罰があるのだと、村のある男性は語っていた。

ゴンジョは、ゾクチェンの修行の前段階にあたる「加行」のことであり、マントラ（真言）の詠唱や、五体投地の礼拝などを何千回と繰り返す。本来は師匠となるラマの指導のもとで個人的に行われるものであるが、キャンツァン僧院ではアク・プンツォによる法話や他の修行とセットになって、僧院周辺の村以外からも多くの人びとが集まる一大行事になっている。僧院の集会堂の前を埋め尽くした人びとが一斉にボン教の「オーンマティムイェサレドゥ」のマントラ（音自体が神聖性を持ち、修行の基本となる真言で、日常生活で唱える者も多い）を唱える様子は圧巻である。筆者がインタビューした村人は、「ボン教徒なら一度はゴンジョをするべきだ」といい、ゴンジョを通じて自らの身体や行い、そして来世に向き合うことが示唆される。

図2-8　聖山シャンシャドゥル

数週間にわたる修行の終盤には、希望する限られた参加者によってポワの瞑想が行われる。これは死に直面したとき、頭頂部から意識を離脱させるという、いわば死のシミュレーションのような修行である。これを繰り返すと、頭頂部に変容が生じ、肉が盛り上がってくるという。それは、カシャラ（ka sha la）と呼ばれるとがった草をラマであるアク・プンツォが一人一人の頭頂部に挿すことで示される。実際に参加者の身体に生理的な変化が生じているのかは別にして、修行の最後が目に見える形で示され、それを認められるという経験は参加者に大きなインパクトを与える。実際に、恐怖と感激で泣き崩れる者も多くみられる。

すべての修行が終わったあと、参加者はシャルコクを代表する聖山シャンシャドゥル（byang bya dur）の巡礼をする。

ボン教が、身体や生死と深く結びついていることを示す事例である。

生活空間に根ざすボン教

ゴンジョの最後の巡礼からもわかるように、ボン教の実践は僧院だけに閉じたものではなく、地域社会がおかれた宗教的な空間とも密接に連関している。そうした側面と、近年の経済発展が結びついた事例として、巨大なチョルテン（mchod rtan：供養塔）の建設を紹介したい。インドのストゥーパ（舎利塔）をルーツに持つチョルテンは、チベット文化圏では宗派を問わず見ることができる。キャンツァン僧院に隣接する村に二〇〇九年に建設されたチョルテンは、高さ三〇メートル近くに達する巨大なもので、コンクリートを用いて現代的な工法で作られている。チョルテンにはその本来の意味に則って、仏舎利や高僧の遺骨などの聖遺物や経典類が納められるが、ここで興味深いのは、村の人びとが私財を投じて寄進したさまざまなモノが、塔の内部に文字通り投じられることである。

チョルテン建設では各世帯が施主となって、供物の準備が進められる。粘土を型にいれてボン教の尊格をかたどったツァツァと呼ばれる像、穀物や宝石を封じたブムテ（宝瓶）と呼ばれる甕、シュクパ（ビャクシン属の木、香炉で焚く）などの香木類、そして食器やシャツ、炊飯器、馬具といった生活用品が目を引く。調べてみると、現金にして世帯年収の約三分の一が費やされるケースもある。これらの供物は、建設が半ばくらいまで進んだころ、空洞になっている塔の中に一斉に納められる。財が投じられる現場は、蕩尽が引き起こす異様な興奮に包まれる。

なぜ人びとは「ここまでする」のだろうか。多くの人びとは、「チョルテンは村を守ってくれる」と語る。そもそもチョルテンを作り供養することは、在家のボン教徒が為すべき善行（dge ba：ゲワ）の一つとして位置づけられている。その一方で、さまざまなモノがチョルテンに蓄積されることが、村を守る力と結びついていることは、こうした善行のロジックとは異なる位相を持っている。

アク・プンツォは、チョルテンと地域の宗教空間との連関を次のように説明する。村はずれにたつチョルテンは、隣村の土地神がやどる山と対峙している。その山が、村を「覗いている」ように見えるので、その視線を防ぐことで村を守っているのだ、と。確かに、チョルテンの位置から見ると、山々の間から、その山の頂きだけがぬっと突きだしているようにみえる。この知識は、経典に説かれているのではなく、昔から言い

図2－9　村の入り口に建設された巨大なチョルテン

図2-10　村を「覗く」隣村の聖山

伝えられてきたことだという。チョルテンは、外敵から身を守るカヌン（kha gnon：防壁）として機能している。塔が建設されるはるか前から、村はずれのその場所は特別な意味づけをされ、盛り土やツァカン（先述した粘土製のツァツァを大量に封じた堂）などが作られてきた。ローカルな空間の特質を色濃く反映しつつ、現世の生活の利益を願うというボン教らしい側面を見て取ることができる。

村と僧院が主導した大規模な建設事業は、経済成長に伴って人びとの可処分所得が急増したことによって可能になった。増加した収入は必ずしも蓄財や消費だけに結びつくわけではなく、宗教実践のために投じられる。それがチョルテンに守られる対象としての村落コミュニティの枠組みを浮き彫りにしているのである。

人びとに支えられて復興したキャンツァン僧院の集大成といえるのが、二〇一七年に完成した集会堂であった。もともと一九八四年に再建された集会堂が、規模を拡大してほぼ新築に近い形で姿を現したのである。内陣には絢爛な装飾が施され、おびただしい数の尊格の像には施主の名前が記されたプレートが添えられている。二〇一七年八月に行

図2-11　2017年に完成したキャンツァン僧院の集会堂の落慶法要

われた落慶法要では、一九八〇年代以来僧院に貢献してきた人びとが顕彰される一幕があり、僧俗問わず特に貢献のあった者が指名されて、シェンラプミボが描かれた大型のタンカが贈られた。改革開放以来約四十年、かつての社会構造が大きく変化した中で、人びとがパトロンとなって粘り強く僧院と宗教実践の復興に取り組んだことをありありを感じることができる場面である。この章で見てきたように、具体的な日常の生活空間に根ざして受け継がれてきたボン教が、人びとが宗教実践とともに生きる熱意の大きな源でありつづけてきたと考えることができる。

おわりに——周縁的であることの強さ

筆者はさまざまな偶然の出会いを経て、ボン教と地域社会との関わりを研究することになったが、振り返ってみれば、その周縁性に強く惹かれてきたと感じる。マジョリティのチベット仏教に対して周縁的な位置にあるボン教、そして地理的にチベット高原の周縁に位置するシャルコク。二重の意味で周縁を生きるシャルコクのボン教徒たちと関わってきてわかったのは、周縁的であること、辺境であることがむしろプラスに働いているのではないかということであった。

二十世紀後半から、地域の垣根を越えてグローバル化していくボン教の中で、キースポットとしてシャルコクが登場してきたのは、辺境で連綿と受け継がれてきた伝統が普遍的な価値を持つと認められたということでもある。周縁的であることは、必ずしも弱者であることを意味しない。辺境にいるからこそ、中央の変貌に大きく巻きこまれることなく、力を蓄えることができる。それが危機のときに、重要な役割を果たすことがある。

ただし、単に周縁的であるだけでは、多くの人びとの共感を生み出すことはできない。もともとボン教と縁もゆかりもなかった筆者が、ボン教徒たちとともに暮らし、その生活や価値観に分け入るきっかけになったのは、地域や文化を超えて身体やこころに訴えかける要素であった。それは、聖典で説かれる宗教的知識にとどまらず、身体や自然環境といったリアルな経験と結びつきながら、古来継承されてきたものである。それは、一見非常に素朴であるが、だからこそ、ローカルな文脈を越えて柔軟にさまざまな人びとを巻きこんでいく力を持っている。ボン教徒たちが、自らの伝統に対して大きな誇りを持ちつつ、同時に常に他者にオープンマインドな態度をとることができるのは、こうした背景に裏づけられているのではないかと、筆者は考えている。

第3章 ボン教の儀礼

ダニエル・ベロンスキー
熊谷誠慈訳

チベットにおいては古来より豊かな儀礼の伝統が発展してきた。チベットの儀礼には哲学、医学、法律、天文学など多くの側面が含まれている。それらの多くには、仏教の密教儀礼からの影響が見て取れるが、一部には、非仏教的な古代チベットの宗教儀礼からの影響も見られる。

十一世紀以降に誕生したボン教の僧院組織は、非仏教的なチベットの古代宗教と仏教とを手際よく結びつけている。ボン教僧院組織は、古代チベットの儀礼伝統からいくつかの要素を取り込み、保持してきた。それらの土着的要素は、ボン教の原則と矛盾しない形で、仏教的要素を多分に取り込み、簡素化、修正されてきた。

ボン教僧院組織は、現在の儀礼が、古代チベットの儀礼の伝統と同一であると主張してきたが、ロルフ・スタン（Rolf A. Stein）など、両者は実質的に異なるものだと批判する学者もいる。[*1] いずれにせよ、現代のボン教において行われている儀礼は、チベットの古代儀礼と異なる部分を備えつつ、いまもなお古き土着の価値を保存し続けていることは確かである。

古代の伝統儀礼のうち、動物供犠については、殺生を禁止する仏教のみならず、仏教の戒律の影響を受けたボン教僧院組織の側からも禁止の対象となった。それでもなお、動物供犠はチベットにおいて僧院組織外で続けられてきた。その際、動物は、世界の創造とつながりのある詩的な神話を通じて、最も価値のある贈り物として捧げられる。そこでは動物に大きな価値が与えられている。チベットの非仏教的な儀礼は、自然環境に対する敵意や恐怖、災害などから人間を守り、人々の気持ちを和らげるための強い意義が見うけられる。これらの儀礼は、広く社会に向けられており、コミュニティの連帯感を強めてきた。ボン教にも、そうした古代チベット儀礼の要素が多分に含まれているのである。

では、ボン教（そして仏教にも）に大きな影響を与えてきた、チベットの古代儀礼とは一体いかなるものであったのか。本章では、その一端を紹介したい。

本章では、以下の流れで、古代チベットの儀礼を概説する。
(1)古代のチベットの儀礼
(2)文献中にみられる浄化の儀礼
(3)現在の儀礼——レウの儀礼を中心に

(1) 古代のチベットの儀礼

実は、古代のチベットの儀礼についての詳細な情報はあまり存在しない。さらにそれらは、現在私たちが知っているボン教の儀礼とは少し違うと思われるかもしれない。

ロルフ・スタンのように現在のボン教の儀礼と古代の儀礼とは関係がないという学者もいれば、*2 サムテン・カルメイのように両者は非常に大きな関係があるという学者もおり、*3 学界においても意見は分かれている。

しかし、古代チベットの儀礼のいくつかの特徴は、現在も残っており、チベット仏教の伝統の中にも取り込まれていることが確認できる。

一般的に、古代チベットの儀礼を実際に行っていた人たちは、「ボン」(bon) あるいは「シェン」(gshen) と呼ばれている。両者のうち、「シェン」という語については「牧師」(priest) という英訳があてられる。他方で、「ボン」という語には英訳は存在しない。「ボン」とは、いわゆる呪文を唱えるとか、音を出すとか、何かを引き起こすといった意味の言葉である。「ボン」と「シェン」との違いは明確ではないが、さまざまな研究の結果として、両語は、相互補完的に使われていることがわかっている。

なお、古代のチベットの儀礼は「ト」と呼ばれている。また、現在よく見られる形式の儀礼は「チヨガ」（cho ga）と呼ばれている。この「ト」という儀礼は、いわゆるヒーリングや治癒、病気の診断などに関係した儀礼である。また「ト」は、占いや予知などとも関係した儀礼も含む。現在にあっても、古代と同様に、何か悪い出来事が起こったときに、儀礼を行ってもらうために儀礼専門家を呼ぶ。その際、占い、経典や典籍などを通じて儀礼を行う。

また、「ギェル」（gyer）という言葉がある。これは、暗唱を意味する語である。音楽のようにも聞こえる吟唱のことである。

さらに、儀礼には、魔よけや厄払いといった意味合いもある。葬儀や治療の際に行う儀礼には、厄よけ、魔よけといった特徴が存在する。さらに、薬や治療法、法的な調停も組み込まれている。

以上の情報は、すべて古代の儀礼に関する資料の中に確認することができる。

古代チベットの典型的な儀礼は、土着の神話と関係している。本章で紹介する儀礼も、まさにそうした神話的な時代、古代につくられたものである。それが現地の人々によって、共有されながら、実施されていくなかで継承されてきたのである。ただし、これらの儀礼の情報は、口頭で伝えられているものがほとんどであり、文献として記録されているものはきわめて少ない。

⑵ 文献中にみられる浄化の儀礼

ここで、浄化儀礼についていくつかの例を紹介したい。南チベットで、仏塔を修復しようとした際に、占い仏塔の中から、儀礼の文献群が発見された。二〇〇七年には校訂本が出版され[*4]、その後、ジョン・ヴィンセント・ベレッツァ（John Vincent Bellezza）により一部のテキスト群が英訳され出版された[*5]。

この文献群は、さまざまな儀礼を含んだものとして有名であるが、その中には、敦煌文献（チベット最古の文献群）よりも詳細な内容を含む儀礼文献が存在する。以下に三つの文献を紹介したい。

まず一つ目の文献は、妊娠をしたまま亡くなってしまった女性の浄化儀礼である。その儀礼文献の題名は『ネルによって汚染され、妊娠中に亡くなった女性の浄化儀礼』（*rNel gri mo'i bsangs*）である。

同文献には、題名そのままの方法論が詳細に示されているが、これこそ古代チベット儀礼ともいえるものであり、そこには外来宗教である仏教的な要素はまったく含まれていない。

同文献は、ヤンガル（ya-ngal）と呼ばれる儀礼専門家が行っていた儀礼に関するものである。妊娠したまま亡くなった女性がとりつかれた悪霊についての詳細が説かれる。さらに、実際に儀礼を行うプロセスとして、亡くなった女性にとりついた九層の悪霊の世界が説かれる。さらに、亡くなった女性をそこからどう救い出していくのかについて説明がなされる。

同文献に記載される儀礼においては、何頭ものさまざまな種類の動物の血が用いられている。また、それらの動物たちの足を、動物たちの血液の中で煮るということも行われる。なぜ、動物の足を用いる必要があるのかというと、その足を、亡くなった女性を救うためのサポートとして使うのである。九層の悪霊の世界それぞれの門を通っていく女性をいかに救うかという話が続く。

その亡くなった妊娠女性が、九つの悪霊の世界を通過していくうちに、だんだんと清められ、浄化されていくというストーリーになっている。最終的には、彼女自身が女神のような存在に変容していく。この浄化された女性は「メン」(sman)と呼ばれる。

二番目の文献の題名は『汚染を引き起こす悪霊ネルを征服する方法』(*rNel dri gdul 〈= 'dul〉 ba'i thabs*)である。同文献には、複数の神話が掲載されており、なぜこの女性が亡くなったのか、そして、またこの死体がどのように処理されていくべきなのかが説かれている。同文献の英訳者ベレッツァによると、そこには十五種の神話が含まれている。

三番目の文献は、題名は不明である。儀礼の描写を含む神話を計二つ載録しているが、上記の二つの文献との関係性はわかっていない。

ゴザ・チャンダルマという女性がおり、父も母もいて、大変美しい女性であった。同文献中には、彼女の美しさが詩的に表現されている。

ゴザ・チャンダルマは、ある谷に住んでおり、そこには多くの霊が存在していた。それらの霊は彼女に対して恋に落ちた。彼女もある悪霊に恋をしてしまったが、父親がそれを嫌がり、別の谷からまったく別の人を連れてきて、彼と結婚するようにと娘に迫った。その後、父親から紹介された男性と結婚した娘は、九カ月後に妊娠した。そして、父に会いにいこうと旅に出かけたが、旅の途中で、二人のヒツジ飼いの男たちに狙われて、殺されてしまった。

同文献には、彼女が石を投げつけられて殺されたことや、馬が暴れたときに服が首に絡まって死んだことなど、無惨な殺され方のエピソードが紹介される。このプロセスの中で、実に彼女は九回殺されたという記述がある。その際、彼女のからだは悪霊に支配されていたという話である。

その後、儀礼を行うボンの専門家たちが登場する。ディボン・ラジャクキギェルという名の儀礼専門家が呼ばれ、彼女の浄化儀礼を行った。彼は、容器やパイプなどさまざまな道具を用い、また、九種の動物の血を用い、彼女の体内から悪霊を取り出す儀礼を行った。その後も長きにわたって、その儀礼の効果は継続した。

ここで注意しておきたいのは、古代チベット儀礼には、シャーマニズム的な要素はまったく見られないということである。すなわち、儀礼者自身が儀礼中にトランス状態に入るということはない。また、興味深い点としては、このコレクションの中には十四の神話が含まれているが、そこには儀礼専門家の名前が挙げられている。また、彼らが活動したとされる地域名のいくつかが特定できるが、それらの地域はおおよそ中央チベットや南チベットに広がっている。すなわち、これらの儀礼は中央チベット、南チベットと関連性があるということなのである。

セルの儀礼

次に「セル」(sel) と呼ばれる浄化儀礼について概観したい。「セル」の儀礼においては、家族間殺人や親族間殺人の「メー」(dme) といわれる穢れと、不道徳な性行為、近親相姦など「ネル」(nal) といわれる穢れを浄化する。なお、「メー」と「ネル」は対となっており、前者は男性的象徴、後者は女性的象徴をもつ穢れとされている。

『無垢栄光経』

『無垢栄光経』という文献は、十四世紀に成立した貴重な資料である。同文献はボン教の教義を網羅的に説明している。黒い雨の章では、非仏教的な儀礼の情報を含んでいる。それらの儀礼は、現在のチベットではほとんど行われていない。たとえば、動物たちの声の真似をすることが書かれている。トラやウマ、イヌなどの声を真似ることが、儀礼の中で核となる大事な部分となる。続いて、穢れが生じるメカニズムについての説明がある。すなわち、どのようにして穢れが生じ、また続いていくのかということが説かれている。

たとえば、近親相姦のようなことを誰かが行うと、その穢れた行為によって土地神が汚染されてしまう。その汚染された土地神の息によって、近隣の地域が汚染され、地域社会全体に疫病や、飢饉などの不幸が起こってしまう。

また、儀礼で使うさまざまなアイテムが挙げられている。たとえば、ムササビやキツネなどのさまざまな動物を献上するということが書いてある。

二つの儀礼文献

以下に二つの儀礼文献を紹介したい。一つは『チベットの四つの氏族による神々の浄化』（*Mi'u rigs*

れについてはすでに学術的な研究が存在している。[*6] もう一つは『純なる神々の白い浄化』(*gTsang ma'i lha sel dkar po*)という儀礼文献。同文献は、近年、四川省で発見されたものであり、研究がほとんどなされていない。

両文献は、スンパ、アシャ、ミニャク、シャンシュンなど、チベット高原の外側の地域について言及している。これらの儀礼文献は、上述の『ネルによって汚染され、妊娠中に亡くなった女性の浄化儀礼』などの文献に比べると新しいものであるが、非常に詩的であり、その内容は仏教的な影響を受けていない。まずは、世界がどのようにスタートしたのか、その起源について言及される。そして、氏族が発生し、それらの氏族ごとに土地神があてがわれていく。

二番目の文献には、特徴的なエピソードが登場する。ある国では、人間の供犠が行われていた。同国には、オルダンという人喰いの霊がおり、人々は人間の供犠を行っていた。あるとき、国王が人間の供犠を停止して以降、神が不満に思い、神と人間との関係性が消失してしまった。神との関係がなくなり困っていた人々のもとに、ある日、四本足の鷲がやってきた。そして、自身のからだから、矢や石、大麦などを生み出した。人々は、それらの道具を使って新たな神格を召喚できるようになった。

その後、人々の近親相姦や殺人などの行動に嫌気がさして、その神々は、人間のもとから離れていったとされる。ポルハとダブラと称される神格のグループは、空の十三番目の最高層に逃げ帰ってしまったという話である。

なお、この文献の中では、女性たちが占いを行う様子が記述されている。彼女たちは、問題が生じた際に、占いでその原因を特定した。彼女たちは、儀礼専門家のラブン・トカルを呼び、儀礼を行ってもらった。彼は、神と人間とのあいだを取り持つ仲介者の必要性を説いた。そして、人々が見つけた仲介者は、聡明なコウモリであった。そのコウモリは神と人との関係を修復していった。

この聡明なコウモリは、さまざまな能力を持っており、神や人間とも会話をすることができた。そして、空にある十三層にわたる大空をすべて飛び交うことができた。そのコウモリは、最終的に人間界とは異なる世界にあるシェン国に行き、ヤンガルという儀礼専門家を人間の世界に呼び出して、浄化儀礼を行うことになった。そして、さまざまな儀礼が行われ、捧げ物がなされ、浄化がなされ、すべてのことが元のさやに収まったという話である。

最初に占いを行って問題の原因を特定し、二番目に儀礼専門家を呼んで「ト」と呼ばれる儀礼を行い、三番目に紛争の解決者としての仲介者（この場合はコウモリ）を選定する。こうした仲介者を立てるという伝統は、チベット社会における法的な問題の解決においても適用され、人々は紛争当事者の両方と親しい人間を仲介者として立ててきた。

(3) 現在の儀礼——レウの儀礼を中心に

最後にレウと呼ばれる儀礼の伝統について紹介したい。テキストそのものも難しい内容であるが、あまり多くは知られていない。このレウの儀礼の伝統は、在家の儀礼専門家によって行われてきた。伝統的に、彼らは動物の生贄を捧げていたことで、仏教やボン教の僧侶たちから批判を受けてきたこともあり、あまりその詳細については明かされていなかった。

最近、レウの儀礼に関して、民間人の家から文献群が見つかり、計百冊ほどのテキストが中国で出版された。[*7]

図3-1　ニェンに捧げる儀式を行うレウの祭祀者たち（写真：2018年6月、アベン氏撮影。図3-2も同様）

図3-2　ニェンに捧げる儀式で使用される鳥柱　紙の上にさまざまな鳥が描かれており、神話上の鳥ガルーダが上部にいる

この儀礼文献群の解読には大きな壁がある。同文献群には、発音的、文法的にも間違いが大量にあり、文献の精読に大きな困難がある。
十二世紀から十五世紀あたりの古いチベットの文献を参照すると、レウという神格についての言及が散見される。レウという神格は、ニェン（gnyan）やル（klu）、ポルハとダブラなどの神格とも同一視されることもある。レウの伝統は、東チベットとのかかわりが強いと思われる。レウの伝統は、四川省と甘粛省の境界などにみられる。

筆者は近年、蘭州大学のガワン・ギャツォ氏の協力のもと、このレウの伝統についてフィールド調査を進めてきた。四川省と甘粛省の境界付近にあるボゾという谷を訪問し、実際に二人のチベットの儀礼者と会うことができた。一人は八十六歳のゲンドゥン氏、もう一人は九十歳のワルセ氏であり、両者とも、文化大革命までレウの儀礼を行っていたが、文化大革命を機に、レウの儀礼の伝統は途絶えてしまった。

なお、近年、村の若者たちも、高齢者の儀礼専門家たちの指導を受け、儀礼をやっていこうという機運が高まっている。二〇一八年に訪問した際には、神格のニェンに対して、鳥の形を模した捧げ物をする儀礼を撮影することができた。儀礼専門家は、ドムラと呼ばれる動物の皮を頭の方に巻き、目をカバーしている。

レウの儀礼の現状

さて、ここで八十六歳のゲンドゥン氏へのインタビュー内容を紹介したい。

ゲンドゥン氏によると、ボゾ村には以前はレウの儀礼専門家が多くおり、ゲンドゥン氏もその一人であった。レウの儀礼は一般的に行われていたが、文化大革命を機に、この伝統はほとんど途絶えてしまった。文化大革命以降、ゲンドゥン氏は、レウの儀礼をわずか二度しか行ったことがない。儀礼書の一部は文化大革命中に散逸したため、完本は持っていないそうである。

過去のレウの儀礼専門家たちは他に職を持っており、いわば非常勤の儀礼専門家であった。彼らは、他の職業で生活の糧を稼がねばならず、自分自身の家財を持っていた。彼らは通常は自身の職を全うしていたが、年に一度集まってレウの儀礼を行うというしきたりが存在していた。彼らは寺院のような建物は保有していなかったが、村々が大きな家を共有しており、そこに彼らは集まった。その法会の際に、レウの儀礼専門家たちは、近親相姦による汚染、親族殺人による汚染、未亡人たることによる汚染などに対して、行うべき方法について議論することになっていた。近親相姦や親族殺人が起こった場合には、レウたちは罰則を命じなければならない。汚染された者たちは人々のコミュニティから追放されて隔離され、寺院に入ることを許されず、お祭りに参加することも許されなかった。

一般的な儀礼を行う際に、僧侶たちは祈願文を読誦し、レウの儀礼専門家たちは戦闘神を讃嘆し、鳥たちやナーガたちに行動を呼びかける。保護の儀礼を行う際には、レウの儀礼者たちは、霊魂を呼び出す。

近親相姦を行った男女は、レウの儀礼専門家に告白しなければならない。その後、近親相姦の縄を断ち切るための剣が、大量の茶葉の上に置かれる。また大麦の塊が告白とともに捧げられる。近親相姦の浄化儀礼のための物資や糸は、積み上げた木の上に運ばれる。その木々が一年以内に乾いたら、近親相姦の汚染が浄化されたとみなされ、近親相姦を犯した者たちは、コミュニティに戻ることが許される。

また、他にもさまざまな儀礼が行われてきた。たとえば、人の魂が悪霊に連れ去られた場合や、病気などの場合には、霊魂を呼ぶための儀礼が行われた。また、結婚の際には、レウの儀礼専門家が、『金の光』という経典を読誦し、幸福を呼び出す儀礼を行った。

以上のように、レウの儀礼者たちは、以前の社会においては確固たる地位を持っていた。しかし、文化大革命の際にレウの儀礼の伝統は衰退し、文化大革命後の宗教再興の後にも、いまだレウの儀礼は復活できていない。

次に、もう一人の儀礼者である九十歳のワルセ氏へのインタビューの内容を紹介したい。ワルセ氏からは、シル（Sil）の二十八段階の儀礼についての情報を回収することができた。以下に列挙する。

①鎮静儀礼の視覚化（sil gi dmigs pa）
②鎮静儀礼の場の描写（sil sa gcod pa）
③バターランプの設置（sgron ma 'dzug pa）
④トルコ石の龍の万能薬の献納（g.yu 'grug rtsi gsol）
⑤危険地域の浄化（rgya mi 'phrang sel）
⑥まだら模様の猿の説明（Sprel khra bshad pa）
⑦アボ・ヤンガルの儀礼（A bo ya ngal）

⑧～⑪敵に捧げるための羊、山羊、鳥、ヤクを準備すること（dgra chos lug/ra/bya/g.yag shug）
⑫六十年間の障害の浄化（tshe lo drug bcu'i bkag sil）
⑬親族殺人の罪の浄化（dme sil）
⑭障害の浄化（bkag sil）
⑮ムササビによる浄化（bya ma byil rder sil）
⑯近親相姦の罪の浄化（nal sil）
⑰汚物の浄化（gtsog sil）
⑱燻蒸消毒による浄化（sil gi rdor bsang）
⑲吉祥のための祈り（rdor gi bkra shis dang smon lam）
⑳吉祥のためのクイェの音（phya khu ye）
㉑バターランプの持ち上げ（sgron ma 'gyogs pa）
㉒精霊たちの身体の讃嘆（sku bstod）
㉓白く塗られた石（rtsi rdo dkar po）
㉔木の板の埋め込み（khram btab）
㉕花の祈願（me tog smon lam）
㉖召喚の祈願（rdor gi smon lam gzhi bting）
㉗秤による分配（rgya ma bcags pa）

㉘白い牛への礼拝（pa kar phyag 'tshal）

殺人を行ったときの浄化としてムササビをささげるとか、あるいは近親相姦のような問題があったときの浄化方法としてキツネを燃やすとか、あるいは他の動物としてアナグマ、あるいはサルなどの名前も挙がっている。

この儀礼にはヤンガルという儀礼専門家が登場する。たとえば、空のヤンガルや、生誕のヤンガル、あるいは、この空間と空間の間にいるヤンガルといったさまざまなヤンガルが、あちらこちらに点在する。いわば神格性を持った存在であった。

おわりに

本章で紹介したように、多くの儀礼の中で、動物が用いられていたことがわかった。それらの動物を見ていくと、それらの儀礼を行っていた地域を地理的に特定できる。おそらくチベット高原の東端と南端ということになる。すなわち、チベット高原よりも標高の少し低い場所である。たとえば、ムササビは高地では生息は無理だということで、やはり標高の低い南のほうに、この儀礼の伝統が存在していたのではないかと推測できる。また、レウなどの儀礼の家系について考察すると、チベット高原の東部のほうがルーツだと推定できる。

すなわち、チベットの伝統といったときに、それは必ずしも中央チベットだけではないということがわかる。中央チベットで作られた一つの儀礼の伝統が、チベット全土で行われていたということではなく、いくつかの古い儀礼の伝統が、チベット高原の辺境に点在してきたということは非常に興味深い。辺境に存在していた儀礼が、いまに至るまで、多くの人々の心を癒してきたということなのである。

私たちはしばしば、中心部分のみにとらわれがちであるが、大切なものは意外と辺境に存在しているということが、古代の儀礼研究を通じて得られた印象である。私たちの社会においても、中央ばかりを見るのではなく、ときに辺境に目を向けてみることが重要である。

チベットの非仏教的な儀礼は、自然環境の敵意や恐怖、災害などから人間を守り、癒すためのものである。そしてこれらの儀礼は、社会のコミュニティの連帯感を強める機能を持っていた。ボン教は、そうした古代チベット儀礼の要素を多分に含んできたのである。

［注］

1 Stein, R. A. (1988) "Tibetica Antiqua V: La Religion indigène et les bon-po dans les manuscrits de Touen- houang", *Bulletin de l'École Française d'Extrême Orient*, 77: 27-56.

2 *ibid.*

3 Karmay, Samten G. (1998 [1983]) "Early Evidence for the Existence of Bon as a Religion in the Royal Period." In *The Arrow and the Spindle: Studies in History, Myths, rituals and Beliefs in Tibet*, Kathmandu: Mandala, pp. 157-166.

4 *Gtam shul dga' thang 'bum pa che nas gsar rnyed byung ba'i bon gyi gna' dpe bdams bsgrigs*. Pa tshab Pa sangs dbang

’dus and Glang ru Nor bu tshe ring, eds., Lhasa: Bod ljongs dpe rnying dpe skrun khang, 2007.

5 Bellezza, John V. (2013) *Death and Beyond in Ancient Tibet: Archaic Concepts and Practices in a Thousand-Year-Old Illuminated Funerary Manuscript and Old Tibetan Funerary Documents of Gathang Bumpa and Dunhuang*. Vienna: Verlag der Österreichischen Akademie der Wissenschaften.

6 Huber, Toni. (2020) *Source of Life: Revitalization Rites and Bon Shamans in Bhutan and Eastern Himalaya. Vols.* I and II. Wien: Austrian Academy of Sciences Press.

Mi’u rigs bzhi lha sel [Purification of the gods of the four families of little men]. In *The Call of the Blue Cuckoo: An Anthology of Nine Bonpo Texts on Myths and Rituals*. (Bon Studies 6), ed. by Karmay, S. G. and Nagano, Y., Osaka: National Museum of Ethnology, Osaka, 2002, 1–33.

7 *Mdo khams yul gyi bod yig gna’ dpe phyogs bsdus mthong ba ’dzum bzhad* [Joyful laughter from beholding: collected ancient Tibetan scriptures from Dokham], 60 vols, ’Brug thar, ed., 2003, Lanzhou: Kan su’u mi rigs dpe skrun khang.

Mdo smad Mda’ tshang yul gyi gna’ dpe phyogs bsdus mthong ba don ldan [Meaningful to behold: collected ancient scriptures from Datshang in Dome], 30 vols., ’Brug thar, ed., 2011, Lanzhou: Gansu wenhua chubanshe.

Gna’ rabs bon gyi dpe dkon bris ma [Rare ancient manuscripts of the Bon religion], 10 vols., Stong ’khor tshe ring thar, Ngag dbang rgya mtsho, eds., 2016, Xining: Mtsho sngon mi rigs dpe skrun khang.

第4章

ボン教の思想

熊谷誠慈

古ボン教と新ボン教

伝統的に、ボン教は、仏教が伝来した七世紀以前からチベットに存在する土着宗教だと考えられてきた。一九六〇年代以降、スネルグローブやマクドナルドなどの西洋のチベット学者たちが、古代にはボン教なる名前の宗教はなかったと述べ、一時はそれが定説となった[*1]。しかし、その後、サムテン・カルメイが、敦煌文献の古写本の中に、ボン教が宗教であることを裏付ける一説を発見したことで、ボン教は古代宗教としての地位を取り戻した。

七世紀の吐蕃王ソンツェンガンポの時代にチベットに伝来した仏教は、ティソンデツェン王の時代に国教化された。他方で、ボン教は、ボン教禁止令（七八五年）などにより衰退していった。御牧（二〇一四：ix頁）は、吐蕃王国期までのボン教を「古ボン教」と呼ぶ。「古ボン教」は動物の供犠など、儀礼が中心の宗教であり、仏教にみられるような哲学的な教義は存在しなかったものと考えられる。

一度は衰退したボン教であるが、十一世紀の仏教ルネサンスの最中、一〇一七年にシェンチェン・ルガが多数のボン教の埋蔵経典を発見したことを契機として、復興し始めた。御牧（二〇一四：ix頁）は、このボン教を「新ボン教」と呼ぶ。この「新ボン教」には、仏教思想から大きな影響を受けたと思われる、高度な哲学的教義が確認される。では、ボン教と仏教との関係とはいかなるものであったのだろうか。

ボン教と仏教との関係

近年のボン教僧院では、ドゥラと呼ばれる論理学の教科書を用いて論理学を学び、中観思想（本書一一〇〜一一四頁参照）やアビダルマ思想[*2]などの顕教に加え、密教、さらにはゾクチェン[*3]を学ぶ。この教育課程は近年のチベット仏教ニンマ派の僧院で行われているものに近い。インドのチベット仏教僧院では、ボン教の僧侶が留学している様子がしばしば見受けられるが、こうした教育交流はいまに始まったことではない。たとえば、ボン教随一の学僧であったニャンメー・シェーラプギェルツェンが、チベット仏教サキャ派の学僧ロントンから仏教の手ほどきを受けていたという事実などからもわかるように[*4]、古き時代から仏教とボン教は積極的に学術的交流をし、相互に影響を与え合っていた。[*5]

吐蕃王国期には、仏教僧たちは仏教の基礎的な術語を用い、ボン教徒たちを改宗させようとしていた。この時代のボン教は、現在のような高度に洗練された教義体系を持っていたわけではなく、動物供犠を含む原始的な儀礼を行っていたものと思われる。その様子は、最古のチベット語文献群である敦煌文献の中に複数確認できる。たとえば、ペリオ将来文書の一つ『置換』(PT一二三九)の中では、不殺生の観点から羊や馬やヤクなどの生贄をやめるように勧め、善行を重ねることで涅槃へと向かうことを推奨するといった、仏教の基礎的な修道論を提示するに留まっていた[*6]。そこには、十一世紀以降の後期伝播期のボン教文献に見られるような高度なボン教哲学は出てこない。

それが後期伝播期に入ると、仏教と比べても遜色のない高度な哲学体系ができあがっていった。たとえば、テトン・ギェルツェンペルが著した学説綱要書『ボン門明示』の中では、アビダルマや中観、唯識、さらにはゾクチェンを最上位に置く九乗の教義など、ボン教の複雑な教義が体系的に説明されている[*7]。

なお、ボン教側が高度な内容の哲学書を作成するにあたり、当時のチベットにおける最新のインド仏教の情報を入手していたことが確認できる。たとえば、メトン・シェーラブオーセルが著したボン教最古の二諦説(究極的真実と世俗的真実の二真実説)に関する論書『中観二諦論』は、そのテキスト名からインド仏教僧ジュニャーナガルバ(Jñānagarbha:八世紀)の『二諦分別論』(*Satyadvayavibhaṅga*)を想起させるが、その内容についてはインド仏教僧チャンドラキールティ(Candrakīrti:六〇〇-六五〇頃)からの影響が色濃くみられる。特に、チャンドラキールティ著『入中論自註』

(*Madhyamakāvatārabhāṣya*)が引用されている点は見逃せない。[*8] というのも、同書は、後期伝播期の初頭にパツァプ・ニマタク(Pa tshab Nyi ma grags：一〇五五-?)によってサンスクリット語からチベット語に翻訳され、十一世紀になって初めてチベットに紹介された文献だからである。この事例から、メトンは、当時チベット語に翻訳されてチベットに紹介されたばかりであった『入中論自註』を引用した上で、ボン教独自の思想を展開させた『中観二諦論』を完成させたことがわかる。それが仏教の中間思想とは内容の異なるボン教中間思想を作り上げる基礎となった。このように、ボン教側は常に、インド最先端の仏教の到来に敏感であった。

では、ボン教の教義とはいかなるものであろうか。以下に、代表的なボン教の教義構造を紹介する。

九乗の教義構造

ボン教教義の全体的な構造の説明形式として最も有名なものは「九乗《くじょう》(Theg pa rim pa dgu)」の教義構造であろう。[*9] スネルグローブが『ボン教の九乗』[*10] という著作を出版して有名になったが、九乗とは、修行者のレベルに合わせた九段階の教義のことである。チベット仏教のニンマ派も九乗の教義を設定するが、ボン教の九乗とは多くの部分で異なっている。また、ボン教においては、チベット起源の「南宝蔵《なん》」(lho gter)の九乗、シャンシュン起源の「北宝蔵《ほく》」(byang gter)の九乗、インド起源の「中宝蔵《ちゅう》」(dbus gter)の九乗という三種類の九乗が存在する。

三種の九乗のうち、「南宝蔵」の九乗が最も有名である（本書の一二五〜一二七頁も参照）。
1　運勢予言のシェン乗（Phya gshen theg pa）：占い（mo）、占星術（rtsis）、儀式（gto）、診療（dpyad）
2　現象世界のシェン乗（sNang gshen theg pa）：神々、悪魔の調伏
3　神通力シェン乗（'Phrul gshen theg pa）：あらゆる敵を平定する儀式
4　有のシェン乗（Srid gshen theg pa）：中有の存在の解脱
5　優婆塞乗（dGe bsnyen theg pa）：在家信者の善行、塔の建立、儀式
6　聖仙乗（Drang srong theg pa）：ボン教の聖仙（＝比丘）、戒律
7　聖音ア乗（A dkar theg pa）：密教的儀式、曼陀羅、方便と知恵の合一（yab yum）など
8　本源のシェン乗（Ye gshen theg pa）：生起次第、究竟次第
9　無上乗（Bla med theg pa）：大完成ゾクチェン（rdzogs chen）
「中宝蔵」の九乗は、以下のとおり。
1　神や人という他に依る乗（lHa mi gzhan rten theg pa）：世間乗、人天乗
2　自覚シェン乗（Rang rtogs gshen gyi theg pa）：声聞乗、独覚乗
3　大慈悲菩薩乗（Thugs rje chen po sems dpa'i theg pa）：唯識派
4　卍菩薩の無戯論乗（g.Yung drung sems dpa'i theg pa spros med）：中観派
5　所作清浄行本来ボン乗（Bya ba gtsang spyod ye bon theg pa）：所作タントラ
6　形象全具神通乗（rNam pa kun ldan mngon shes theg pa）：行タントラ

7　実生慈悲遊戯乗（dNgos bskyed thugs rje rol pa'i theg pa）：瑜伽タントラ
8　究竟有意義全完成乗（Shin tu don ldan kun rdzogs theg pa）：無常瑜伽タントラ
9　本来大完成極頂無上乗（Ye nas rdzogs chen yang rtse bla med theg pa）：ゾクチェン

「北宝蔵」の九乗はインド起源とされるが、インド仏教の顕教と密教が段階的に挙げられている。第一乗は世間的な段階、第二乗はいわゆる小乗仏教、第三乗、第四乗は大乗仏教、第五乗〜第八乗は密教、第九乗はゾクチェンとなっている。

なお、シャンシュン起源とされる「北宝蔵」の九乗については、詳細に説明する文献は現存しないようであるが、律乗、経乗、論乗のいわゆる三蔵を、さらに三種に区分したものである。

以上の九乗は、ボン教の教義構造を全体的に説明したものであるが、ボン教の思想にはどのようなものがあるのであろうか。

ボン教のアビダルマ思想

まず、アビダルマ思想は、仏教と同様にボン教でも必須の範疇論哲学である。アビダルマ関連の仏教文献はすでに前期伝播期のあいだにチベット語に翻訳されていたが、ボン教独自のアビダルマ文献が登場したのは後期伝播期に入ってからのことである。そのアビダルマの根本経典ともいえるものが『蔵窟』（シャンシュン語：*Ti ka rgya se lig min rkya*; チベット語：*Srid pa'i mDzod phug*）である。

同文献の歴史的背景についてはマーティン（Dan Martin）の研究が詳しい。[*11] 同書の奥付によると、ボン教の開祖シェンラプミボによって著された原典を、シャンシュン人のトンギュン・トゥチェン（sTong rgyung mthu chen）とチベット人のシャリ・ウチェ（Sha ri dbu che）の二名が、シャンシュンとチベットの境界にあったチェマラ・ユンドゥン（Bye ma la g.yung drung）の地で、シャンシュン語とチベット語に翻訳したとされる。[*12] Martin（2000, 23）は、シャンシュン語の原典をもとに、チベット語訳が作成されたと推定している。また、現行のテキストは、埋蔵経典発掘者シェンチェン・ルガにより一〇一七年に発見されたものとされる。[*13] すなわち、同書はチベットにおいて一〇一七年に公的に入手可能になった文献だといえる。[*14]

同書は以下の全十七章で構成される。第一章：存在（srid pa）、第二章：劫（bskal pa）、第三章：領域（dbyings）、第四章：智慧（ye shes）、第五章：器（snod）、第六章：情（bcud）、第七章：〔三〕根（dbang）、第八章：煩悩（phra rgyas）、第九章：縁起（rten 'brel）、第十章：蘊（phung po）、第十一章：処（skye mched）、第十二章：大きな界（rgya che'i khams）、第十三章：特相（mtshan nyid）、第十四章：行為（las spyod）、第十五章：道（lam）、第十六章：地（sa gnas）、第十七章：果（'bras bu）。

ボン教のアビダルマを理解するうえで、仏教アビダルマとの比較が重要である。Martin（2000）や筆者（Kumagai, 2016）が言及したように、『蔵窟』の一部には、仏教徒のアサンガ（Asaṅga: 四世紀）著『阿毘達磨集論』（*Abhidharmasamuccaya*）とヴァスバンドゥ（Vasubandhu：四世紀）著『阿毘達磨倶舎論』（*Abhidharmakoṣa*）、『五蘊論』（*Pañcaskandhaka*）との思想的な類似性がみられる。[*15]

では、以下に、仏教と比較しつつ、ボン教のアビダルマ、特に、世界の構成要素（法）について概観していきたい。

ボン教においても仏教においても、すべての存在要素（法）を、「無為」（原因と条件によって作られないもの）と「有為」（原因と条件によって作られるもの）との二つに区分する。そのうち、「無為」について、『蔵窟』では、「択滅」（無垢な智慧による煩悩の消滅）、「非択滅」（無垢な智慧によらない法の止滅）、「真如」、「虚空」（空間）の四つに区分される。上記の四つの無為の概念を認める点では、『阿毘達磨集論』や『阿毘達磨倶舎論』よりも『五蘊論』の影響のほうが強いものと考えられる。[*16]

「有為」は「五蘊」[*17]という五つのカテゴリーに分類されるが、五蘊も大枠としては仏教と大きな相違はない。色蘊においても五根、[*18]五境、[*19]無表色[*20]を認める点は仏教と等しい。しかし、地・水・火・風の四元素を、触（触覚対象）の細分ではなく、色蘊の要素として独立させ、色蘊の数を十五とした点などは、ボン教の独自性といえる。[*21]また、想蘊を小想、大想、無量想に細分する点では、一部の仏教想蘊説と共通するが、無量想に一切知者の想を入れる点で、仏教の想蘊説とは異なる。

また、心所（精神作用）の種類を五十一とする点は、『阿毘達磨集論』や『五蘊論』など、唯識系の論書と共通する。しかし、ボン教の説く五十一種類の心所は、仏教の唯識派などが説く五十一種類の心所と完全に一致するわけではない。十一種類の善心所、六種類の根本煩悩心所、二十種類の随煩悩心所については、中身が一部異なっており、そこにボン教の独自性が見いだせる。

心不相応行（物質でも精神でもないもの）については、異生性（凡夫たる性質）を含む十四種類を認め

◎色蘊（15）：眼・耳・鼻・舌・身・色・声・香・味・触・無表色・
地・水・火・風
◎受蘊（3）：苦受・楽受・無量受
◎想蘊（3）：小想・大想・無量想
◎行蘊（65）
心相応行＝心所（51）：
遍行心所（5）：受・想・思・触・作為
別境心所（5）：欲・信解・念・三昧・知恵
善心所（11）：養育・無貪・不受（不偸盗）・正語・喜・静寂な音
声・柔和な言葉・神の心・慈・真実の行・不逸脱
根本煩悩心所（6）：瞋・癡・慢・貪・嫉・無明
随煩悩心所（20）：悪見・疑・忿・恨・覆・遍計所執・慳・誑・
諂・驕・害・無慚・憂鬱な夢・掉挙・不信・懈
怠・放逸・失念・散乱・迷乱
不定心所（4）：悪作・睡眠・尋・伺
心不相応行（14）：得、無想定、滅尽定、無想果、命根、衆同分、生、老、
住、無常、名〔身〕、句〔身〕、文〔身〕、異生〔性〕
◎識蘊（8）：眼識、耳識、鼻識、舌識、身識、意識、末那識、アーラヤ識

図4-1　ボン教の五蘊説

る点で『五蘊論』と一致し、『阿毘達磨集論』や『阿毘達磨倶舎論』とは異なる。[22]
識蘊については、眼識、耳識、鼻識、舌識、身識、意識、末那識（自我意識）、アーラヤ識（根源的意識）を含む八識を認める点では、仏教の唯識派からの影響が強い。

すなわち、ボン教の五蘊説は、大枠としては仏教の唯識派の五蘊説からの影響が強く、特にヴァスバンドゥ著『五蘊論』から強い影響を受けている。しかし、その細部においては、仏教の理論との完全な一致は見られず、ボン教の独自性が見いだせる。

図4-1にボン教の五蘊説を図示する。[23]

ボン教の中観思想

別稿（Kumagai, 2011）でも述べたように、ボン教には、仏教の中間思想も大きく流入していた。仏教の中観派は、インドの大乗仏教において、瑜伽行唯識派と並ぶ二大宗派の一つであり、ナーガールジュナ（龍樹：一五〇–二五〇頃）が祖とされる。『般若経』で説かれる「空性《くうしょう》」（非実体性）の思想を体系化した宗派として有名であり、日本には三論宗として伝わった。

では、ボン教の中観思想は、仏教のそれとどう関係するのか。筆者はすでに、中観派の主要教義の一つである二諦説に着目し、別稿でボン教中観派と仏教中観派との思想比較を行っているので、その一部をここで少し紹介しておきたい。[*24]

ナーガールジュナは、主著『中論』において、存在の非実体性（空性）を解説しているが、その際、勝義諦（究極的真実）と世俗諦（世俗的真実）の二諦説を用いて、空性の位置づけを行っている。

諸仏は二諦に基づいて教えを説いている。すなわち、世間世俗諦と勝義諦である。これら二諦の区別を知らない者たちは仏陀の教説における深遠な真実を知らない。言語表現（=世俗諦）に依らずして勝義は示されない。勝義に到達せずして涅槃は得られない。（『中論』第二十四章、第八～十偈）

すなわち、ナーガールジュナは、涅槃に至る段階として、世俗諦と勝義諦の二つの真理の階梯を設定している。涅槃を得るためには、勝義、すなわち空性の体得が必要であり、さらに、勝義諦を体得するためには、世間の世俗社会において正しいものとされる言語を介する必要があると述べている。すなわち、ナーガールジュナは「世間的言語↓空性↓涅槃」という段階を説いている。なお、龍樹自身にとっては、二諦説は、四聖諦[*25]の解説の付論的な位置づけにすぎず、詳細な説明を残してはいなかったが、彼以降の中観派において、二諦説は哲学議論の中核をなすまでの重要思想となった。

後代、二諦説の説明が詳細になるにつれ、世俗は実世俗と邪世俗とに区分されるようになり、勝義諦もバーヴィヴェーカ（Bhāviveka：五〇〇-五七〇頃）やジュニャーナガルバなど「中観自立論証派」（論証因を用いて積極的に空を論証する学派）と称される論師たちによって、究極的な勝義と、二義的な勝義とに細分されるようになった。これらの世俗と勝義の細分については、チベット仏教においても引き継がれることになった。

ではボン教はどうであったのか。まず、勝義の設定の仕方に関して、以下の二つの伝統が存在していたと考えられる。

①二種の勝義の設定に否定的な伝統
②二種の勝義の設定に積極的な伝統

前者は、インド仏教中観派ではシャーンティデーヴァ（Śāntideva：六八五-七六三頃）やアティシャ（Atiśa：九八二-一〇五四）などが相当し、チベット仏教では「中観帰謬論証派」の立場とみなされている。大変興味深いことに、メトンの『中観二諦論』の自註では、中観帰謬論証派の立場とみなされるチャンドラキールティの『入中論自註』がほぼ原文どおりに引用されている。[*26]

一方、後者の伝統にはバーヴィヴェーカやジュニャーナガルバなどが相当し、チベット仏教では「自立論証派」の立場とみなされている。十四世紀後半から十五世紀前半に著されたとされるボン教論書『乗の解説』（*Theg 'grel*）[*27]においては、仏教徒バーヴィヴェーカ著『思択炎』（*Tarkajvālā*）における二種の勝義の説明が、ほぼ原文どおりに引用されている。[*28]

以上のことから、勝義区分については、チャンドラキールティに代表される帰謬論証派系の伝統と、バーヴィヴェーカに代表される自立論証派系の伝統が、遅くとも十二世紀までには、それぞれボン教に流入していたことがわかる。

他方、ボン教における世俗区分に関しては、論師ごとに主張が異なっており、自立論証派系統、帰謬論証派系統といった区別は確認できない。

また、ボン教特有と思われる術語も多くみられる。たとえば勝義区分に際して、「深遠なる言葉の勝義」（zab mo gtam gyi don dam）と「世間で広く認められた勝義」（'jig rten grags sde'i don dam）という対概念がボン教文献にしばしば登場するが、両術語ともに仏教では一般的に使用されない。[*29]

これらのことから、ボン教における世俗や勝義の区分概念は、仏教からの影響を強く受けながら

- ◎二諦
  - 勝義
  - 世俗
    - 清浄世俗：聖者の後得知の認識対象
    - 不浄世俗
      - 実世俗：凡夫の認識対象
      - 邪世俗：眼病者の認識対象

図4-2　メトンの二諦説

- ◎二諦
  - 勝義諦
    - 深遠なる語の勝義
    - 世間で知られる勝義
  - 世俗諦
    - 虚偽と確定されない世俗
      - 認識対象と認識主体を備えた無分別知
      - 認識対象と認識主体を備え対象理解を備えた有分別知
    - 虚偽と確定される世俗
      - 顕現するが効果的作用能力を持たない世俗
      - 顕現もせず効果的作用能力も持たない世俗

図4-3　『乗の解説』

も、ボン教独自の要素を多く含んでいることがわかる。十一世紀以降のボン教徒たちは、インド仏教の中観派思想からも大きな影響を受けていたのである。

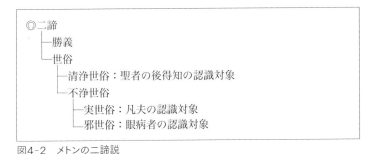

以下に、ボン教の二つの代表的な二諦説を紹介する。

メトンは勝義区分を否定する点では、チャンドラキールティなど、インド仏教中観帰謬論証派系統の伝統に近い[*30]（図4-2）。また、「清浄世俗」「不浄世俗」という語は仏教においては一般的でなく、ボン教徒に独特の術語である可能性が高い。認識主体と認識対象との関係性を二諦説に持ち込む手法は、帰謬論証派に配されるチャンドラキールティの影響を受けているものと思われる。事実、メトンはチャンドラキールティ著『入中論自註』を引用している。[*31]『乗の解説』[*32]（図4-3）では、勝義が「深遠なる語の勝義」と「世間で知られる勝義」の二つに細分されているが、細分に際して、バーヴィヴェーカ著『思択炎』における説明がほぼ同じ形で引用されており、インド仏教中観自立論証派に配されるバーヴィヴェーカからの強い影響がうかがわれる。[*33]

ボン教の哲学思想に見られるレジリエンスとフレキシビリティ

以上、仏教思想との比較の中でボン教思想の特徴を概観してきた。チベットの宗教史を振り返ってみると、七世紀の仏教伝来以降、複雑な哲学思想を持たなかったボン教は、洗練された哲学、修道論の体系を持つ仏教に押され気味になっていった。さらに、八世紀末に仏教が国教に認定され、ボン教は政治的にも苦境に立たされていった。

国教としての地位を仏教に奪われてしまったボン教側は、仏教側に対して敵対心を持って争うといった選択もありえたであろう。しかし、ボン教は、仏教側と争う道よりも、仏教の長所を取り入れて、自らの教義を洗練化するという方法を採った。十一世紀以降の仏教ルネサンス期に、ボン教も宗教的な力を取り戻していった。その際に、ボン教は、仏教と同様の大蔵経を編纂し、新たにサンスクリット語からチベット語に翻訳されたインド仏教文献についても、最先端の情報を入手していた。

本章で検討してきたいずれの事例にも、宗教として生き延びるためには、ライバル宗教側からも積極的に学び、変革を行っていくという、ボン教のフレキシビリティとレジリエンスが見いだされる。以後、仏教を脅かすほどにまで勢力を取り戻すことはできなかったが、チベット仏教の一宗派程度の影響力は得ることに成功した。

一九八〇年代には、ダライ・ラマ十四世が、ボン教徒に対する差別を禁止し、ボン教の信仰の自由を強調した。現在に至るまでチベット亡命政府は、ゲルク派、サキャ派、カギュ派、ニンマ派の四大仏教宗派にボン教を加えた五つを、チベットの伝統的な宗教と認めている。無用な争いを避け、相手に学びつつも、独自性にこだわるという姿勢が、結果的に、ボン教の哲学の発展と宗教的権威の回復とにつながったのではなかろうか。

［注］

1　仏教伝来以前にボン教という名称の土着宗教が実在していたか否かについては、御牧（二〇一四：xi－xii頁）が先行研究を丁寧に整理している。ボン教は従来、仏教がチベットに伝来する以前のチベットに実在した土着宗教と考えられてきたが、この定説をスネルグローブやマクドナルドなどが否定した。Macdonald（1971）は、古代の宗教はボン（bon）ではなくツク（gtsug）あるいはツクラク（gtsug lag）であったという説を主張した。その後、Karmay（1983）が敦煌文献の中に、「〔凡夫たちは〕外道の宗教であるボン教を信仰し」(mu stegs bon la yid ches ste)という一文を見出し、仏教側からボン教が外道の宗教と見做されていたことを指摘し、以後、ボン教はチベットの土着宗教としての地位を取り戻した。

2 本章では、「アビダルマ」を範疇論哲学の意味で用いる。いわば、真理や現象の理解のための総合哲学である。インドの仏教学僧ヴァスバンドゥ(世親、四世紀)は、主著『阿毘達磨倶舎論』の注釈において、アビダルマを、穢れなき智慧や、聴聞・思考・瞑想から生ずる穢れある智慧、穢れなき智慧を獲得するための論書など、さまざまな語義解釈を提示している。

3 ゾクチェンとは、チベット仏教のニンマ派や、チベットの土着宗教であるボン教に伝わる教義である。ゾク〔パ〕とは「完成」、チェン〔ポ〕とは「大きい」という意味のチベット語であり、ゾクチェンとは「大いなる完成」という意味である。一切衆生(あらゆる生き物)の心の本質をあるがままに捉えることで、悟りの境地に至るという実践法である。

4 三宅伸一郎(二〇〇二：三頁)、Arguillère (2006, pp. 253-258)を参照。ニャンメーは、チベットのナーランダ寺でロントンより「他部」(gzhan sde)すなわち仏教の教義を学んだ。

5 御牧(二〇一四：xi－x頁、注八－九)によると、ボン教に影響を与えた仏教は主にニンマ派であり、ニンマ派がボン教に影響を与えている場合が圧倒的に多いが、逆にボン教がニンマ派に影響を与えている場合も確認できる。

6 『置換』は、①遺骸のテント(ring gur)、②母方の親族〔からの贈り物〕(dbon slob)、③清浄な穀物('phru sangs)、④羊、⑤馬、⑥ヤクについての計六つの節に分かれている。前半の三節では、葬送に関する物品についての旧来の扱い方を止め、代わりに仏教的な善業を実践するよう勧めている。後半の三節では、葬儀における動物供犠を止め、代わりに仏教的な善業を実践するよう勧めている。

7 『ボン門明示』の概要についてはMimaki & Samten (2007)に詳しい。

8 Kumagai (2011, pp. 44-46)。

9 ボン教の九乗については、御牧(二〇一四:xxxiv-xxxvii頁)を参照。また、本書の「第5章　ボン教教義における密教の位置づけ」において、より詳細な解説がなされている。

10 Snellgrove, David, (1967) *The Nine Ways of Bon: Excerpts from gZi-brjid*. London; New York; Toronto: Oxford University Press.

11 Martin (2000)では『蔵窟』の書誌情報と概要がよく整理されている。

12 Kumagai (2018, pp. 103-104).

13 Martin (2000, p. 3).

14 『蔵窟』の著者真偽性(シェンラプミボによって作られたか否か)については、文献学的には肯定も否定も困難であり、本稿では議論をしない。また、ボン教徒の信仰にもかかわる繊細な問題であるため、慎重に扱う必要がある。しかし、〔シェンラプミボに著された埋蔵経典が再発見された場合にせよ、シェンチェン・ルガ自身が作成した場合にせよ〕同書はチベットにおいて一〇一七年に公的に入手可能になったという点では変わりない。

15 Kumagai (2016)を参照。『蔵窟』は、想蘊を、小さな想、大きな想、無量の想の三種に区分する点で、『五蘊論』と類似する。心所の数を五十一とする点では、『阿毘達磨集論』や『五蘊論』と共通であるが、心不相応行に「異生性」を含めた上でその数を十四とする点では『五蘊論』に近い。『阿毘達磨集論』も心不相応行の数は十四とするが、「異生性」は含まない。

16 Kumagai (2016)を参照。

17 五蘊とは、色蘊(物質やエネルギー)、受蘊(感受作用)、想蘊(特性の把捉作用)、行蘊(他の四蘊以外のカテゴリー)、識蘊(心)という五つのカテゴリーである。

18 五種の感覚器官。すなわち、視覚器官（眼根）、聴覚器官（耳根）、嗅覚器官（鼻根）、味覚器官（舌根）、触覚器官（身根）。

19 五種の認識対象。すなわち、視覚対象（眼境）、聴覚対象（耳境）、嗅覚対象（鼻境）、味覚対象（舌境）、触覚対象（身境）。

20 表層に表れず認識されないエネルギー。

21 仏教では、地・水・火・風の四元素は、触の下位区分とされるため、色蘊の数は十一となる。

22 ボン教の想蘊説については、Kumagai (2017) を参照。

23 ボン教の五蘊説については、Kumagai (2016) を参照。

24 ボン教の二諦説については、Kumagai (2011) を参照。

25 苦しみの生ずる四種のメカニズム。すなわち、苦諦（すべての生き物が苦しみを持っているということ）、集諦（苦しみにはそれを生じさせ集める原因があるということ）、滅諦（苦しみの滅した涅槃の状態）、道諦（涅槃に至るための道筋）。

26 Kumagai (2011, p. 39, note108).

27 Karmay (1972, p. 152, note2) によると、同テキストは、第五ラプジュン（rab byung）のサイクル、すなわち一二六七年から一三二六年の間に発見された埋蔵経典。

28 Kumagai (2011, pp. 65-66, note203-204).

29 Kumagai (2011, p. 64).

30 メトン著『中観二諦論』、『中観二諦論自註』（*bDen gnyis rang 'grel*）の二諦説については、Kumagai (2011, pp. 37-54) を参照。

31 Kumagai (2011, p. 39, note108)。

32 『乗の解説』の二諦説については、Kumagai (2011, pp. 55-68) を参照。

33 Kumagai (2011, pp. 65-66, note203-204)。

第5章

ボン教教義における密教の位置づけ

チューコルツァン・ニマ・オーセル
熊谷誠慈訳

仏教に顕教と密教があるのと同様に、ボン教にも顕教と密教の両方が存在する。本章では、ボン教の密教について概観する。密教という場合に、ボン教では「金剛乗」(Vajrayāna) という単語はあまり用いない。むしろ、「タントラ乗」(Tantrayāna) や「真言乗」(Mantrayāna) という語のほうが、馴染み深い。

初めにボンの教義について概観したい。ボン教教義の全体的説明に関して、複数の区分法が用いられる。

顕教、密教、ゾクチェンという三つの区分

まずは、顕教、密教、ゾクチェンという三つの区分 (mdo sngags sems gsum) である。顕教は外、密

教は内、ゾクチェンは秘密に相応するとも言われるが、それらはいったいどういう意味なのであろうか。

まず、顕教がなぜ「外」と呼ばれるのかというと、仏陀、仏法、僧伽という顕教の三つの帰依対象はいずれも外的なものであるからだ。顕教とは、輪廻の苦しみからの「出離の道」を進むべき教えである。

次に、密教がなぜ「内」と呼ばれるのかというと、外にあるものが内に入ってくるからである。師《ラマ》、尊格、女神ダーキニーが密教の三つの帰依処である。師は、教授者としては外的に実在する存在であるが、瞑想（＝グルヨーガ）の際には心の内側に存在する。女神たるダーキニーは、守護者としては外的な存在であるが、瞑想の際には心の内側に存在する。尊格は、瞑想中に顕現させるので、常に心の内に存在する内的な存在である。以上の理由から、密教は「内」と呼ばれるのである。師は教えの源であり、ダーキニーは守護の源であり、他の尊格は成就の源である。

最後に、ゾクチェンは「秘密」と呼ばれる。ゾクチェンにも三つの帰依処がある。それは、脈（rtsa）、気（rlung）、心滴（thig le）という微細なものである。ゾクチェンは、「心の本質」であり、究極的な空性である。こうして、ゾクチェンは、その微細性ゆえに「秘密」と言われるのである。

また、ボン教の伝統においては、顕教・密教・ゾクチェンという呼び方よりも、顕教・密教・心という呼び方が一般的である。というのも、ゾクチェンは心の自然な状態についての教えだからである。以上が一般的な分類法である。

また、顕教は「棄捨の道」(spong lam)とも呼ばれる。たとえば、瞑想などのすべての修行は、最終的には悟りを得て心の平安を得ることを目標に行われる。その際に、心の訓練を通じて、五毒[*1]などの悪しき精神作用を鎮静するのである。すなわち、五毒など悪しき精神作用を棄捨するため解毒剤として瞑想法などの修行を使う。その意味で「棄捨の道」と呼ばれるのである。出家僧は、世俗を毒なるものとして捨て去るが、それも棄捨の道であり、顕教なのである。

密教は、五毒などの悪しき精神作用を捨て去るのではなく、むしろ、そうした毒(煩悩)を薬(智慧)に変容させてしまうのである。すなわちそれが「変容の道」(sgyur lam)の教えなのである。密教行者は、まさに家族とともに在家社会の真ん中に住んでいながら、密教実践をしているというのが端的な例である。

ゾクチェンは、「自己解脱の道」(grol lam)の教えと呼ばれる。このゾクチェンの場合、煩悩という毒から逃げる顕教とも異なり、また、毒を薬に変容させる密教とも異なる。その毒がどこから出てきたのかを見るのである。すなわち、毒は私たちの心の奥底から顕現するものだと認識する。そしてその源を特定することができれば、毒は自然に消えていく。心の本質を知ることで解脱することができるのである。

もう一つ例を示してゾクチェンのことを言うならば、「解脱」という言葉の語源は、「何かが解ける」ということである。ヘビがぐるぐる巻きになって、ほどけなくなっている様子をイメージしていただきたい。しかし、何がどこにあって、どのように絡まっているのかがわかれば、それがどこから来ているのかがわかれば、やがては、それを解くことができるであろう。

五毒などの煩悩についても然りで、それらが単に心の顕れに過ぎないということを理解することができれば、それらは自然に解消されていくのである。それらが消えていけば、すでに解脱への道の準備が整っていることになる。洞穴の中に住んでいる瞑想修行者たちは、このようなゾクチェンの実践をしているものと思われる。

四門五蔵

二つ目の教義区分法は「四門五蔵（sgo bzhi mdzod lnga）」と呼ばれるもので、最も古い教義区分の一つだと思われる。これは、四つの門と五番目の蔵とを合わせた、計五つのカテゴリーである。中心に蔵があり、その外壁に四つの門があるとイメージすると理解しやすい。すなわち、四つの門すべてが蔵に通じており、蔵が四つの門すべてを包含しているということである。なお、上記の「顕教、密教、ゾクチェンという三つの区分」と、この「四門五蔵」との違いは何かといえば、後者においては密教が二つに区分されているという点である。

一つ目の門は「強力な真言の白い水のボン」（Chab dkar drag po sngags kyi bon）である。このカテゴリーには、魔力や呪文、秘伝的な密教の修行などが含まれている。強力な真言やさまざまな瞑想の尊格などと関わりがある。真言を唱えたり、神格を瞑想したりすることに焦点が当てられている。

二つ目の門は「生存を継続するための黒い水のボン」(Chab nag srid pa rgyud kyi bon) である。これは古い儀礼に関係する。このカテゴリーの中には、さまざまな儀礼が入っている。たとえば、治療や、浄化、魔術、占い、葬儀など、さまざまな種類の儀礼が含まれた複雑なカテゴリーである。

なお、この一番目と二番目の門は、共に密教に該当する。しかし、両者には明確な相違がある。一番目の門は、瞑想を行って尊格を顕し出したり、成就を得るといった修行を含んでおり、より密教的な性格を有する。他方、二番目の門は、誰かを癒したり、何かを浄化するなど、儀礼に比重が置かれている。

「白い水」や「黒い水」という言葉は、中央チベットのコンポなどの地域で生まれたと信じているボン教徒は多い。しかし、ボン教の開祖シェンラプミボの伝記によると、シェンラプミボは、チベットの地においては顕教しか教えておらず、タントラやゾクチェンについては教えていないとのことである。なお、タントラやゾクチェンについてはシャンシュンにおいて教えたことになっている。よって、「白い水」や「黒い水」がチベットのコンポで生まれたというのは、後代に生じた伝承である可能性が高い。

三つ目の門は、「ペン国から届いた膨大な数のボン」('Phan yul rgyas pa 'bum gyi bon) である。このカテゴリーの中には、戒律や規則など、比丘、比丘尼、在家者のための倫理的な教えが含まれている。一番目と二番目の門は密教であるが、この三番目の門は、大乗哲学を含む顕教の教義である。

四つ目の門は、「師匠たちの典籍と口伝のボン」(dPon sras man ngag lung gi bon) である。これはゾクチェンの教えである。このカテゴリーは、口伝や、さまざまなラマたちによって書き残されたものであり、主としてゾクチェンやゾクチェンの瞑想修行に関するものである。

五つ目のカテゴリーは「門」ではなく「蔵」と呼ばれるが、「最高ですべてを含み込む蔵であるボン」(mTho thog spyi rgyug rdzod kyi bon)の教えである。このカテゴリーは、第一から第四までの四つの門をすべて含み、また、普遍的なボンそのものに属するということになる。

九乗

最後に「九乗」の分類を紹介する。

人間の能力には限界があるため、ボン教の全体像すべてを網羅することはなかなか難しい。一つの教えだけで、すべてを網羅するということはあり得ないわけで、やはり、ゆっくりとしたやり方で、段階を踏んでいく必要がある。そこで、ボン教では悟りへと向かう九つの道筋が設定される。

その九乗にも、中宝蔵、南宝蔵、北宝蔵という三つの系統が存在する。

そのうち、中宝蔵は「見解」(lta ba)に基づいている。中宝蔵は、十一世紀に、中央チベットのサムイェーにあるイェルパ城塞で中央チベットから来た僧侶たちによって発見された。その僧侶たちとは、ツァン地域から来た、デンリン、キャンポ、スンパという三名の仏教僧だと言われている。すなわち、仏教僧がボン教の埋蔵経典群を発見したということになる。彼らは『乗の次第を明瞭化する経・タントラ〔・ゾクチェンの教え〕』(*Theg pa rim pa mngon du shes pa'i mdo rgyud*)という文献を再発見した。

南宝蔵は、「行為」(spyod pa)に基づいている。この教えは、シェンチェン・ルガによって一〇一七年に南チベットのロ・ディクツァム・タカル(Lho drig tsham tha kar)で発見された。また、一部の教えは西ブータンのパロでも発見された。この九乗は、四つの原因たる乗と、五つの結果たる乗とに分けられる。

北宝蔵は、「瞑想」(sgom pa)に基づいている。その教えは、ボン教徒マトゥン(rMa ston)やキュングー(Khyung rgod)などにより、チャンタンラ・キュンゾン(Byang dwang ra khyung rdzong)やサンサン・ラダク(Zang zang lha brag)、さらにその周辺地域で発見されたとされる。いずれもラサの北側の地域であるため、北宝蔵と呼ばれる。

すなわち、中、南、北とは、それぞれ中央チベットから見た方向を表している。なお、中宝蔵、南宝蔵、北宝蔵はそれぞれ、インド、チベット、シャンシュンのボン教の伝統だとされている。

南宝蔵の九乗

以下に、南宝蔵の九乗を概観する。

一番目の「運勢予言のシェン乗」は、占い、占星術、儀式、診療の四つに関する予言を含んでいる。この教えは、社会における行為に関するものである。すなわち、教えというものは、社会において始められるものであり、しっかりと社会に根づいているのである。

たとえば、病気は人間が常々抱えている大きな問題である。病気にかかれば、人々はまず医師のもとを訪れ、診療を求める。しかし、もし医学的な治療がうまくいかなければ何をするであろうか。その際、何か目に見えない秘密なものに頼り、すがっていくことがある。その一つが占いである。さらに、その占いがうまく行かなかった場合には、より詳細な占星術に頼ることになる。さらに、もし問題が、人間以外のところに存在していたり、あるいは負のエネルギーが渦巻いていたりする場合には、最終的に「ト」と呼ばれる儀礼に頼ることになる。ただし、この「ト」の儀礼を行う前に、占いや占星術によって、問題の原因を特定しておく必要がある。したがって、「ト」の儀礼が独立的に行われるわけではない。

二番目の「現象世界のシェン乗」においては、物理的・肉体的ではない問題、すなわち、目に見えない問題が起こった際に、さまざまな穢れの浄化儀礼や、障害を取り除くための身代わりの儀礼を行う。それらは、霊と人間とのあいだの平和な関係を築くための取り組みである。

三番目の「神通力シェン乗」とは、人間とは異なる存在から生じてくる負のエネルギーに対抗して行われる儀式であり、あらゆる敵を平定するための儀礼が含まれる。

以上、物理的な問題に始まり、隠れて見えない問題へと続き、そして精神的な部分へと深まっていく。四番目の「有のシェン乗」、五番目の「優婆塞乗」、六番目の「聖仙乗」は、輪廻からの出離を目指すものである。

七番目の「聖音ア乗」は密教の生起次第に相当する。八番目の「本源のシェン乗」は究竟次第に相当する。そして、九番目の「無上乗」がゾクチェンに相当する。

北宝蔵の九乗

北宝蔵の九乗は、シャンシュンの伝統であり、現在は存在していない。簡単な著作リストは残っているが、文献そのものはすでに散逸してしまった。

この北宝蔵の九乗は、すべて瞑想に関するものであって、洞窟の中で瞑想家たちが行ってきたものであるが、儀礼文献の原典はすでに散逸してしまい、いまではその内容の詳細についてはほとんどわかっていない。元々の言語はシャンシュン語であり、チベット人たちにも馴染みのない言語であることから、原典が散逸してしまったものと思われる。

中宝蔵の九乗

中宝蔵の九乗は、インドの伝統であり、哲学が基盤となっている。この九乗は、チベット仏教ニンマ派の九乗の体系に似ている。この中宝蔵の九乗の伝統は、シャンシュンからインドに伝えられたものとされる。また、この教えは埋蔵され隠されていたが、ヴァイローチャナという翻訳家によってブルシャスキー語からチベット語に翻訳されたと言われている。

中宝蔵の九乗のうち、五番目から八番までの四つは、仏教のタントラと似ている。すなわち、五番目の「所作清浄行本来ボン乗」は所作タントラに、六番目の「形象全具神通乗」は行タントラ、七番目の「実生慈悲遊戯乗」は瑜伽タントラ、八番目の「究竟有意義全完成乗」は無常瑜伽タントラに、それぞれ似ている。もちろん、それらすべてが完全に一致するというわけではないが。

たとえば、八番目の「究竟有意義全完成乗」は、母《も》タントラも含んでいる。そこには、六つの教えがある。それらはナーローパの六法*2に非常に似ているが、詳細を比較すると、少なからず相違が存在する。

ここで、中宝蔵の九乗のうち、四タントラに相当する部分、すなわち五番目から八番目について概観する。これらの四つの乗は、結果の乗（'Bras bu theg pa）と呼ばれる。というのも、これらの乗において、修行者は一回の生涯だけで成仏することができるため、成仏はきわめて迅速である。修行の道と修行の結果とがきわめて近接していると言えよう。

まず、五番目の「所作清浄行本来ボン乗」とは、所作タントラに相当する。ボン教の原初的な清浄さと正常な行為についての段階である。清浄な行為とは、道徳的な行為のことである。現象世界の原初的な清浄さが、この乗では説かれている。

続いて、六番目の「形象全具神通乗」とは、行タントラに相当する。すべての側面を明瞭に捉えるという段階である。この段階では、尊格などの寂静、増大、協力、狂暴などの行為の四側面がすべて備わっている。また、現象の本質を直接的に把握することができる。

なお、上記二つの乗は、外的な、あるいは下位のタントラと呼ばれる。いずれも、外的な尊格に依拠し、成就を得るというものである。

他方で、内的なタントラは、三界の衆生すべてを、自らの心そのものである聖なる存在だと見なすのである。

七番目の「実生慈悲遊戯乗」は瑜伽タントラに相当する。生起次第において慈悲が可視化される段階である。この段階において、方便、知恵、心滴（thig le）、〔アなどの〕シラブル、〔尊格たちの〕持ち物の視覚化を通じて、尊格たちを心の中に顕し出す。それらの尊格たちは、「統合と解脱」（sbyor sgrol）などの方法により顕現し、慈悲的な行動を行う。

八番目の「究竟有意義全完成乗」は無常瑜伽タントラに相当する。すべてのものが完全であり有益である段階である。この段階では、界（dbyings）と知恵（shes rab）とが不二であるという明瞭な状態を完全に理解する。それゆえすべてが有益なものとなる。概念的な真理が、超概念的な空間において正しく成立する段階である。

なお、七番目の生起次第の乗が、瞑想を通じた視覚化によって外的な結果を生じさせるのに対し、八番目の究竟次第の乗では、修行者自身が尊格と内的に一体化することで内的に結果を生じさせる。

九番目の「本来大完成極頂無上乗」とは、ゾクチェンに相当する。この乗は、虚空と知恵の不二である清浄なる本性を正しく理解するものである。そこでは、すべての概念的な世界が、非概念的な虚空において遍満している。

まとめ

本章では、タントラの分類が、時代とともに変化してきたことを紹介した。時代に適応するかたちで変化していったのである。最後に、三つの宝蔵の特徴を挙げると以下のとおりとなる。

- 南宝蔵の九乗：社会で行われていた九乗
- 北宝蔵の九乗：洞窟の中で行われていた九乗
- 中宝蔵の九乗：僧院の中で行われていた九乗

すなわち、僧院の中で集団で修行をする出家修行者たち、洞窟の中で一人で瞑想修行をする瞑想家たち、さらには、世俗社会において日常生活を行う在家者たちのために、ボン教の教えは説かれている。それらの教えには優劣は存在しない。ボン教の特質の一つは、一部のエリートだけが優遇される宗教とは異なり、弱者にも強者と同等の権利が与えられているということであろう。すなわち、ボン教は、弱者が弱者のまま社会を生き抜くための知恵ともいえるのである。

ゾウとネズミを比べたとき、多くの人はゾウのほうがネズミよりも優れていると考えるであろう。ゾウは力強く、多くの荷物を運ぶことができる動物であると。しかし、ネズミしか通れないような穴を、ゾウは通り抜けることはできない。すなわち、ネズミはゾウにはできない能力をもっているのである。ゾウとネズミのいずれが優れているかではなく、それぞれの資質や能力を個性ととらえ、平等に実践の機会を与える点は、ボン教の大きな特徴の一つである。

［注］

1 五毒とは、貪（執着）、瞋（怒り・嫌悪）、痴（無知）、慢（傲慢）、疑（疑い）という、煩悩を引き起こす五種類の精神作用。

2 ナーローパの六法とは、(1)熱（gtum mo）、(2)幻身（sgyu lus）、(3)夢（rmi lam）、(4)光明（'od zer）、(5)中有（bar do）、(6)転移（'pho ba）という六種の修行法のことである。

(1)熱とは、身体の脈管の基底部にある内的な熱を意識し、活性化させる修行法である。

(2)幻身とは、自己の身体を陽炎のような幻の身体であると観想し、その本質が空性であることを覚る修行法である。

(3)夢とは、覚醒時と夢眠時の意識がともに空性を本質とするものであり、実体を持たないことを覚る修行法である。

(4)光明とは、心を集中させると、心に空性を本質とする光が輝く。この光を世界の開闢以前の原初として覚る修法である。

(5)中有は「中陰」とも言われ、死亡時から来世に生まれるまでの四十九日間の状態を指す。

(6)転移とは、意識を身体から頭頂部の孔を通して引き抜き、高次の仏の世界へと転移させる修法である。

第6章 はじめてのゾクチェン瞑想
——あなたの人生を支える大楽の瞑想

箱寺孝彦

言葉にできない生きにくさ

私は子どものころから何とも言葉にできない息苦しさと閉塞感を抱えて生きてきました。両親は兄と私にたっぷりと愛情を注いで育ててくれましたし、極端に貧しい家庭ではありませんでした。しかし、何をしても充実感が得られませんでした。自分の殻に閉じこもりがちで心を開くことが苦手で、友人たちと一緒にいても楽しいと思えず、学校に行くのが嫌でたまりませんでした。生きている実感がまるで湧かなかったのです。どうしてこんなに心が苦しいのだろうか？　どうしたら幸せになれるのだろうか？　こんなことばかりを考えて生きていたのです。教室の窓から外をぼんやり眺めながら、自分が求めるべき幸せはどこか別の世界にあるのではないかと物思いにふけることが多くありました。この居心地悪さを解決するために、大学に進学して哲学を勉強しようと思いました。両親、高校の担任、塾の先生からは「哲学を勉強しても就職の役に立たない」と大反対されました。しかし、私の決意は固く、大学に入学して哲学の勉強を開始しました。大学で哲学の勉強を開始して半年ほど経過したとき、「親の言うことは聞いておくものだ」と後悔するようになりました。なぜならば、毎日外国語で書かれた哲学書を読むばかりで、学生生活や哲学の講義に幸せや生きる目的を見いだせなかったからです。私は大きな挫折を味わっていました。

一九九〇年代はじめの当時、チベット仏教ブームが日本中を席巻しました。チベット仏教の瞑想修行について具体的に書かれた一般向けの本がいくつか出版され、NHKスペシャル「チベット死者の書」が放送されると世間でたいへんな話題になりました。私はすっかりチベット仏教の虜になったのです。大学を卒業する半年前のある秋の日、私は思い切って両親に「大学を卒業したらネパールに行って仏教の瞑想修行をしたい」と切り出しました。「大学まで出してやったのに仏教の修行とは何ごとだ。そんなことをしても就職の役に立たない」とまたしても大反対されました。しかし、私の決心は揺るぎませんでした。

チベット式瞑想修行の第一歩はラマ探しから始まります。ラマとはチベット語で宗教上の優れた師匠のことを意味し、瞑想修行にはラマという優れた導き手の存在が不可欠です。一九五〇年に中国人民解放軍がチベットを侵略してから中国がチベットを支配するようになり、それ以来、中国政府の監視の目が厳しいためにチベット本土では仏教の修行は許されなくなりました。

しかし、インドやネパールにはチベットから亡命して難民として暮らすチベット仏教の高僧がた

図6-1　ボン教に出会ったころの筆者（向かって左端）

くさんいるという情報を手に入れました。その中でもネパールの首都カトマンズには日本人の間で大変有名なチベット仏教ニンマ派のラマがお住まいだということでしたから、私もそのラマの元で瞑想修行を始めたいと密かに思うようになりました。チベット仏教ニンマ派とは、チベット仏教の中でも最古の宗派です。当時、チベット仏教ニンマ派に伝承されるゾクチェン瞑想に関する日本語の本が何冊も出版されていたので、チベット仏教に興味があった日本人の間ではニンマ派が一番人気を集めていました。ゾクチェンとは「大いなる完成」や「大円満」を意味し、ボン教とチベット仏教ニンマ派に伝承されている高度な思想と瞑想のことです。当然、私もニンマ派の勉強をしたいと思っていました。ところが、たまたまある事情通の人がボン教に素晴らしいゾクチェンのラマがいると私に教えてくれたので、ボン教のゾクチェン瞑想の修行をすることにしました。

　みんながみんな同じくチベット仏教ニンマ派の勉強や修行をしても仕方がないし、私一人くらい別のことを習得したほうがいつか日本の役に立つことがあるだろうと思ったのです。ボン教というのは、八世紀にインドからチベットに仏教が伝来するはるか昔から現在まで存在するチベット本来の宗教文化や精神的な教えです。こうして私はたった一人、チベット仏教ではなくボン教の法門を叩くことを決心したのです。一方で心のどこかで、やはり日本人の間で人気のあったチベット仏教ニンマ派の修行をしたいという未練も残っていました。

ボン教の瞑想修行をすることを決心した私はまず大学の図書館に向かい、チベット文化関係の専門書にあたって、ボン教に関する情報収集を始めました。ボン教という言葉さえ知らなかった私。どの本にもまるで口をそろえたかのように「ボン教は仏教の焼き直し」だとか「ボン教は原始的なシャーマニズム」だとか否定的なことばかりが書かれていました。いまの私だったら異端のものや未知のものにむしろ興味が惹かれますが、二十代中頃の未熟で無知な若者だった私は、当時ほとんど誰も知らなかったボン教に対して興味よりも深い疑念を感じていました。そして「やっぱり、日本人に有名なラマのところでチベット仏教ニンマ派の修行をしたい」という気持ちが再びあらわれ、私の心を強く揺さぶりました。しかし、最終的にはボン教の瞑想修行を目指すことに決めました。どうして私がそんなにボン教にこだわったのか、いま考えても自分でもわかりません。後年、チベット人の友人たちから「孝彦はきっとボン教と前世からの縁があったのにちがいない」と言われることがありましたので、いまではそういうことだと納得することにしています。

理不尽な差別

一九九五年の春、いよいよ日本を離れネパールに渡航しました。ネパールの首都カトマンズに到着してほどなくわかったことですが、驚くほどたくさんの欧米人の老若男女が、チベット仏教やその瞑想を学ぶためにカトマンズに滞在していました。チベット仏教ブームは日本だけの現象ではなかったのです。実際には、日本よりも何十年も前から欧米を中心に世界中でチベット仏教が人気を博していたのです。そうした欧米人の中に混じって日本人の若者の姿もちらほら見受けられました。当時、常に十人以上の日本人の若者がカトマンズに長期間滞在し、チベット仏教の勉強や修行をしていました。考えてみれば当たり前のことですが、チベット仏教ブームに影響を受けて、実際にその瞑想修行をしてみようと考えたのは私だけではなかったのです。その中には男性だけでなく女性の姿もありました。このようにカトマンズにいくつもあるチベット仏教の僧院ならばどこでも、チベット仏教の勉強や瞑想修行をする欧米人や日本人の姿を数多く目にすることができました。日本で耳にした情報どおり、カトマンズには日本人の間で大変有名だったチベット仏教ニンマ派のラマがお住いになっていました。そのラマの元には、とりわけたくさんの日本人の若者が集まっていました。その彼ら彼女らは日本人同士で集まって食事に出かけたり、密教の灌頂を受けたりと、ワイワイ楽しそうな修行生活の日々を過ごしているように私の目には映りました。

私が通い出したボン教僧院はとても小さく貧しい僧院でした。英語を話せるのは私のラマとなるご高齢のヨンジン・テンジン・ナムタク・リンポチェ（yongs ’dzin bstan ’dzin rnam dag rin po che：以下、ヨンジン・リンポチェ。ヨンジン・リンポチェは「先生の中の先生である尊い人」という意味のチベット語の敬称です。一九二六―）と、僧院運営のために毎日席の暖まる暇もなく忙しい僧院長だけ。チベット人の若い僧侶が二十人ほど在籍していましたが、彼らはチベットから亡命してきたばかりで英語はまったく話せませんでした。ですから、チベット語で「タシデレ（bkra shis bde legs：こんにちは）」のような簡単な挨拶をする以外に、私はチベット人の若い僧侶たちと満足なコミュニケーションを取ることができませんでした。そのボン教僧院には、日本人どころか欧米人でさえ訪問客は稀。なぜならば、当時はボン教に関する一般向けの本は英語でさえほとんど出版されておらず、本格的な学術研究もまだ着手されたばかりで、ボン教の価値や魅力はほとんど世界中で知られていなかったからです。ですから、欧米人も日本人も誰もボン教に見向きもせず、ボン教の教えを学ぶためにボン教僧院にわざわざ足を運ぶようなもの好きは誰もいなかったのです。私はボン教僧院の中で居場所も話し相手

図6-2　ヨンジン・テンジン・ナムタク・リンポチェ（提供：Rosa María Mende）

図6-3　ヨンジン・リンポチェと出会ったころの筆者

も見つけることができずに、いつも孤独を抱えていました。ワイワイ楽しそうにチベット仏教の修行をしていた他の日本人修行者たちがうらやましくて仕方がありませんでした。

今日ではボン教に関する学術研究が進み、一般向けの本も多数出版され、ボン教の価値や魅力が世界中で理解されるようになりましたが、当時は外国人どころかチベット人ですらボン教について無知で、ボン教とボン教徒たちは侮蔑と偏見の目で見られていました。ですからボン教の修行をしていた私は、チベット仏教徒のチベット人やチベット仏教を修行していた日本人からたびたび冷やかされることがありました。「ボン教は偽物の教えだ」「ボン教の修行では悟れない」「ボン教の修行をすると地獄に落ちる」などなど。カトマンズに到着したばかりの私は、まだボン教のこともゾクチェンのこともほとんど何も知らなかったので、反論することもできずに、ただ耐えるしかありませんでした。こうした言葉の数々は私の胸にずしりと堪えました。私はただ瞑想修行をしたかっただけなのに、チベット仏教ではなくボン教を選んだために、亡命チベット人社会やチベット仏教界の中で圧倒的な弱者に身を落としていたのです。実際にカトマンズに渡りボン教僧院に通うまで、今日でもチベット人社会の中でボン教に対する差別が存在していて、外国人である私にもその差別の矛先が向けられることになるとは想像していなかったのです。私の修行生活ははじめの一歩から、納得のいかない不条理な暗闇に包まれました。

ボン教僧院の生活では、私はさらにもっと深刻な問題に直面していました。ネパールに渡航するまえに、日本で私はチベット仏教のゾクチェン瞑想を実際に修行した先駆者が書いた本や記事の多くに目を通していました。ですから、ゾクチェンの瞑想修行の概略について少しは心得ているつもりでした。そうした本の中には、たとえば「ゾクチェンの瞑想修行をはじめるには灌頂の儀式が必要である」「ゾクチェンは顕教と密教と根本的に同じ教えである」「ゾクチェンの瞑想にはテクチュ (khregs chod) 瞑想とトゥガル (thod rgal) 瞑想の二種類がある」などと書かれていました。私はそこに書かれていることが正しい情報だと素直に信じていました。

ゾクチェンの教えを授かるためには、その準備として加行または前行 (sngon 'gro) と呼ばれる初歩的な瞑想修行を終えておく必要があります。ボン教の場合には、加行は九種類の初歩的な瞑想から構成されていて、神仏を目の前に思い浮かべながらマントラを唱えたり、全身を床に投げ出す五体投地の拝礼をしたりします。私は長い時間をかけて加行に打ち込み、もうすぐ加行が満了する段階に差し掛かっているというのに、ラマであるヨンジン・リンポチェは私に灌頂を授けてくれませんでした。足繁くヨンジン・リンポチェの部屋に通い、灌頂を授けてくれるように何度も懇願しても、面倒くさそうに追い払われるだけでした。一年九カ月かけて加行が満了しても灌頂を授けてもらえないまま、ゾクチェンの教えの伝授が始まりました。その伝授の中でヨンジン・リンポチェは、ゾクチェンは顕教と密教とは異なる教えだと説かれました。つまり、日本にいる間に本で読んできた内容と、ボン教僧院での伝授の内容や実践方法は大きく異なっていたのです。「先駆者がチベット仏教のゾクチェンの瞑想修行に関して書いた本で読んだ内容とまったくちがう。いったいどうしたことだろうか？」。困惑と混乱と不安で、私の頭の中は一杯になりました。

掘り当てた金脈

カトマンズには、日本のある団体の現地スタッフとしてすでに何年も住み働いていた日本人の友人がいました。その友人はチベット語が堪能で、チベット仏教に造詣が深い方でした。ある日、彼に同行して、彼が親しくしているチベット人の転生僧（sprul sku）ラマが創建したというチベット仏教の巨大な僧院を訪問することになりました。転生僧ラマとは、前世で高僧や優れた行者だった人が現世に生まれ変わり、学問を積み修行してラマになった方のことです。そのチベット仏教僧院に到着すると、残念ながらお目当ての転生僧ラマは外出中で会えないことがわかりましたが、私たちはある部屋に案内されました。それは日当たりのよい六畳ほどの部屋で、室内には立派な調度品が並べられていました。典型的なチベット人ラマの部屋。壁際に設えた伝統的なチベット式ベッドの上に座っていたその部屋の主は高齢のチベット仏教僧で、お目当ての転生僧ラマの親戚の方でした。私の友人はこの高齢のチベット仏教僧とチベット語でとても楽しそうに世間話を始めました。しばらくすると不意にその高齢のチベット仏教僧が私のほうを見て、「おまえさんはゾクチェンの瞑想修行をしているそうじゃないか。いまはテクチュ瞑想をしているのかね？　トゥガル瞑想をしているのかね？」と私に尋ねました。その質問に私は頭の中が真っ白になり、言葉を失いました。そのころ、私はボン教の若い僧侶たちの輪に加わり、毎朝毎晩青空を見つめる瞑想を開始したばかりでした。日本で読んだ本の中には、青空を見つめる瞑想はとても高度なトゥガル瞑想に分類され、それはもっと基礎的なテクチュ瞑想に熟達した修行者だけに許される瞑想だと書かれていました。瞑想修行を開始してまだ二年足らずの瞑想初心者だった私は、まだテクチュ瞑想の伝授すら受けていませんでした。ただ、ヨンジン・リンポチェの言葉に従い、何の瞑想かもわからないままボン教の僧侶たちと一緒に青空を見つめる瞑想を修行していたのです。高齢のチベット仏教僧にあらためて問われ、「私が毎日している瞑想はいったい何の瞑想なのだろうか？」とふと疑問に思ったのです。

翌朝いつものようにボン教僧院に出かけ、私はヨンジン・リンポチェに面会しました。ヨンジン・リンポチェの目の前で五体投地の拝礼を三回済ませたあと、私は「私がいまやっている瞑想はテクチュ瞑想でしょうか、それともトゥガル瞑想でしょうか？」と質問しました。すると、まったく予想もしなかった回答が返ってきたので、私は驚いて、その場にひっくり返りそうになりました。「おまえがやっている瞑想はゾクチェン瞑想だ！」とヨンジン・リンポチェは答えたのです。ゾクチェンの瞑想とは具体的にはテクチュ瞑想やトゥガル瞑想のことだと日本で読んだ本には書かれていたので、私はそう信じていました。「ゾクチェン瞑想」なんて言葉は聞いたこともなければ、本で読ん

図6-4　ボン教僧院の生活

だこともありませんでした。このとき私のヨンジン・リンポチェに対する疑念はある確信へと変わりました。「日本で読んだ本に書いてあった話とまるで違う。このラマはゾクチェンなんて知らないし、知っていたとしても私にゾクチェンを教えるつもりなどないのだろう。やっぱり、チベット仏教の修行をすればよかった……」と目の前が真っ暗になり、私は深く後悔しました。しかし、私はチベット仏教に乗り換える気持ちにはなりませんでした。なぜならば、そのころにはボン教の若い僧侶たちとずいぶん仲良くなっていたからです。ヨンジン・リンポチェとの関係は最悪でしたが、どうしてもボン教の若い僧侶たちと別れる気持ちにはなれなかったのです。

それからも毎朝毎晩私はボン教の僧侶たちの輪に加わり、青空を見つめる瞑想を続けました。瞑想が安定してくると、心が澄んだ湧き水のようになり、思考から離れ広々とした心の中から清浄な心の働きが湧き出しました。一時も休むことなく私の心を苦しめ続けてきた「自分はボン教徒だ」という被差別意識、教えやラマに対する不満や疑念、経済的に切り詰めた苦しい生活、ホームシックや孤独感から完全に解放され、言葉や思考では表現できない幸福感に包み込まれたのです。一方、瞑想時間が終わるや否や、再びラマとボン教の教えに対する疑念と自分を取り巻く不運な運命の悪戯に痛いほど悩まされました。瞑想中は幸福、瞑想を終えると苦悩といった不安定な心の状態を繰り返していたのです。いまにしてみれば、これはゾクチェン瞑想にはどんな心の苦しみや悲しみも浄化して消し去ってしまう強力な力があるということを意味していた体験なのですが、瞑想体験ばかりが先行し、言葉の壁によりまだチベット語経典の読解や理論の理解が進んでいなかった当時の私には気づけないことでした。

それからさらに十年の年月が過ぎ去ると、ヨンジン・リンポチェが説かれる教えの伝授が進み、私のゾクチェンの教えに対する理解が深まり、私が体験してきた数々の瞑想体験の意味がわかり始めました。長く暗いトンネルの先にようやくわずかな希望の光が見えてきたのです。長い年月をかけて瞑想修行に身を捧げた結果、私が発見したことは、ボン教は仏教の焼き直しでもなければ原始的なシャーマニズムでもない、カルマを浄化し、ブッダの悟りを目指す教えだということ。そして、ゾクチェンの教えには灌頂は必要ないということ。なぜならば、ゾクチェンは密教ではないからです。さらに、顕教とゾクチェンは異なる教えだということ。チベットで顕教といえば、中観論または中論を意味します。中観論で説かれる空性《くうしょう》とは、森羅万象は因果律（las rgyu 'bras）から成り立っていることを理論的に理解すること。一方、ゾクチェンで説かれる空性とは、森羅万象は心から放射された光の幻だと体験すること。私にはこの二つの教えが同じだと思えません。

中観論とゾクチェンといえば、忘れることができない思い出があります。これから少し脱線して、その思い出話をしてみたいと思います。私がカトマンズのボン教僧院で瞑想修行を開始して一年ほど経ったころ、日本人のある若者がネパールでチベット仏教の瞑想修行を開始しました。彼はある日本のトップ大学の宗教学科に在籍中の男子学生でした。さすがトップ大学の学生だけに、驚くほど頭脳明晰かつ勉強熱心でした。私がチベット語の習得に人一倍苦労していた一方で、彼は三カ月ほどでチベット語の読み書きを習得してしまいました。彼のチベット語の習得の早さと上達具合に、チベット人たちも舌を巻いていました。彼も私も気が強い性格だったので、なかなか反りが合わないことが多かったのですが、なぜか彼は私のことを慕ってくれて、たびたび私の住まいに遊びに来てくれました。私が作った簡単な夕食を一緒に食べたあと、お互いの修行生活のことやゾクチェンやチベット文化のことについて、たびたび夜遅くまで語り合いました。私自身はボン教徒だという被差別意識から、彼は持ち前の口の悪さと気難しい性格から、カトマンズでチベット仏教の瞑想修行をしていた他の日本人たちの輪の中に加わることができず、お互いいつも一人で瞑想修行ばかりしていました。二人とも孤独で寂しかったのかもしれません。

そんな彼がある日、いつものように私の住まいを訪ねてきてくれました。しかし、彼の顔を見るといつもとは異なり、何か深く思いつめている様子でした。「俺はもう瞑想修行をやめようと思う」と彼は私に言いました。何でも彼はツォンカパが著した中観論や空性に関する本を読んだというのです。ツォンカパというのは十四世紀から十五世紀に実在したチベット仏教の僧侶で、チベット仏教の最大宗派であるゲルク派の開祖でもあります。チベット仏教史上最大の学僧として誉れ高い人物だけに、その著作は難解なことでも有名です。続けてその私の友人は「ツォンカパの中観論なんて天才でもなければ理解できるはずがない」と言いました。日本のトップ大学の学生である彼の優秀な頭脳を持ってしても、ツォンカパの著作はまったく手に負えなかったというのです。今日でもチベット仏教の高僧たちは、「ゾクチェンと中観論は同じ教えだ。ゾクチェンの瞑想修行をしたいのならば、中観論を理解しなければならない」と説かれています。ツォンカパの中観論を理解できない自分に失望した彼は、ゾクチェンの瞑想修行に見切りをつけ、数日後には日本に帰国してしまいました。一方で、ボン教の高僧たちはゾクチェンと中観論はまったく異なる教えだと考えています。ですから、難解な中観論を理解できなくても、ゾクチェンの瞑想修行には何の差し障りもないのです。いまにして思えば、チベット仏教ではなくボン教を選んだ私は、本当に幸運でした。チベット仏教は素晴らしい教えです。しかし、私にはボン教のほうが合っていたのです。そしてもしも、修行に見切りをつけて日本に帰国してしまった私の友人もチベット仏教ではなくボン教を選択していたら、もっと異なる未来が彼を待っていたのかもしれません。

話を元に戻しましょう。その他に私が発見したことは、テクチュ瞑想とトゥガル瞑想は単なる言葉上の区別であり、二元論を超越したゾクチェンに二つも三つも瞑想方法あったとしたらそれはおかしな話になるということ。つまり、ゾクチェンの瞑想方法はたった一つしかないということ。こうして理解が深まるにつれ、それまで私を悩ませてきたゾクチェンの教えとヨンジン・リンポチェに対する不満と疑念が、まるで太陽光線によって深い霧が晴れるように、次第に減少していったのです。チベット仏教のゾクチェンを修行する日本人はたくさんいる。しかし、ボン教のゾクチェンを修行している日本人は私の他にはまだ誰もいない。「ボン教の教えは本物だ」。ボン教を選んだために身に憶えのない差別を受け、自分のことを弱者や負け犬だと自ら蔑んでいたそれまでの私ですが、じつは、誰にも知られずに深い地中に隠されていた、とてつもない金脈を掘り当てていたのです。それまでの私は常識や本から得た知識で目が曇っていたのです。こうして世界中でほとんどの人がまだ気づいていなかったボン教の価値を、私は自分自身で気づいていったのです。

シャンシュン・ニェンギュの教え

このようにさまざまな苦難に直面しながらも、私はヨンジン・リンポチェから貴重なボン教のゾクチェンの教えを伝授してもらいました。ゾクチェンの教えには、ボン教でもチベット仏教でもいろいろな種類のものがあります。その中でもボン教に伝承されている「シャンシュン・ニェンギュ (zhang zhung snyan rgyud)」は際立ってユニークな教えです。通常ゾクチェンの教えはそのほとんどが埋蔵経典です。埋蔵経典というのは、地中から掘り出したり、洞窟から発見したり、何もない空間から取り出したり、夢の中で大昔の成就者たちから伝授されたりした教えを文字に記した経典のことです。とても神秘的で興味深い現象ですが、冷静に考えてみると、どこか出処にあいまいさが残ります。一方の「シャンシュン・ニェンギュ」は、一番はじめの原初仏から二十一世紀の現在まで、一度もその伝授の系譜が途切れたことがないし、一度も埋蔵経典として隠されたことがない教えなのです。「シャンシュン・ニェンギュ」は、最初に原初仏とも呼ばれるクンツ・サンポ（kun tu bzang po）から続く九仏の間で、心から心へ直接伝授がおこなわれました。その後、この教えは私たちの住む存在世界にもたらされ、ガルーダ谷（Khyung lung）に首都があったシャンシュン王国に伝えられたと言われています。実際このゾクチェンの教えの名前である「シャンシュン・ニェンギュ」とは、「シャンシュン王国由来の口伝」といった意味なのです。このように「シャンシュン・ニェンギュ」は、クンツ・サンポを含む九仏やシャンシュン王国の成就者たちの笑顔と涙と加持と温もりをそっくりそのまま宿した人間味あふれる教えなのです。こうした他にはないユニークな特徴を備えた「シャンシュン・ニェンギュ」は、あらゆるゾクチェン経典の中でも最も古い教えだということもあり、仏教徒のゾクチェン修行者たちの間でも一目置かれている存在です。

かつては「シャンシュン・ニェンギュ」は、たった一人のラマがたった一人の弟子にしか伝授が許されなかった教えだったので、唯一相承（gcig brgyud）の教えとも呼ばれています。しかし、八世紀に仏教がインドからチベットにもたらされ、チベットの国教に制定されると、ボン教に対して恐ろしい迫害が開始されました。ボン教が衰退し、「シャンシュン・ニェンギュ」がこの世から消え去るのを恐れて、唯一相承の第二十五代目の伝承者であるタピリツァ（Ta pi hri tsa）はチベット北部のチャンタン高原のタロ湖（Da rog mtsho）に虹の身体（'ja' lus）で再出現して、弟子のナンシェル・ルーポ（snang bzher lod po）にこの教えを文字に記すことを命じたほか、複数の弟子にこの教えを説くことをはじめて許可しました。虹の身体とは、ゾクチェン修行者だけが到達できる光の身体を持った最高のブッダのことです。一方で、唯一相承の系譜はいまも途切れることなく伝承されていて、現在この唯一相承の系譜を伝承しているのは私たちのラマであるヨンジン・リンポチェなのです。私はこのヨンジン・リンポチェから直接「シャンシュン・ニェンギュ」を伝授していただきましたし、私自身が日本で説いているゾクチェンの教えも主に「シャンシュン・ニェンギュ」です。私はヨンジン・リンポチェから「シャンシュン・ニェンギュ」を伝授していただいたことに類まれなる幸運を感じますし、日本で私自身がたくさんの人々に「シャンシュン・ニェンギュ」を説けることに誇りと責任を感じています。

心の姿かたち

「シャンシュン・ニェンギュ」を含むボン教のゾクチェンの教えは、チベット王国が建国するはるか昔、古代シャンシュン王国の時代から伝承されているとてつもなく古い教えと瞑想です。悠久の歴史を持っている高度な教えだからといっても、転生僧のような特別な人や著しく頭脳が優れている人にだけ伝授が許されているわけではありません。ボン教のゾクチェンの教えは誰にでも開かれています。あなたも望むならゾクチェン瞑想を体験することができます。ゾクチェン瞑想では顕教のように空性を論理的に理解する瞑想をしたり、密教のように本尊(yid dam)やマンダラ(dkyil 'khor)を思い浮かべる瞑想をしたりしません。心そのものを使って、その心そのものを探究していきます。

それではあなたに質問します。あなたの心（sems）はどんな形をしていて、どんな色をしていますか？　それは丸い形をしていますか、それとも四角形でしょうか？　白色でしょうか、それとも水色でしょうか？　そもそも心はどこに存在するのでしょうか？

私は東京と大阪でゾクチェンの教えを広く伝授する「箱寺先生のちいさな瞑想教室」を運営したり、本やYouTubeを通じてゾクチェンの教えと瞑想について発信したりしています。その中で「あなたの心はどこに存在しますか？」とみなさんに尋ねることがあります。返ってくる回答はおおむね三種類にわかれます。心の在り処として、頭を指さす人、胸を指さす人、床の方を指さす人の三種類です。一般的に西洋人なら、心は頭の中にあると考えるでしょう。チベット人を含む東洋人なら、心は胸にあると考えるでしょう。昔の日本人ならば心は胸あるいは肚にあると考えましたが、現代では心は頭の中にあると考える日本人が増えているようです。心が床のほうにあると考える人は、個性的な考え方をした人が多いようです。

それではどの回答が正しいのか、ひとつひとつ検討してみましょう。まず、頭の中に心はあるでしょうか？　頭の中をレントゲンで撮影しても心は見つかりませんし、ＭＲＩやＣＴスキャンをしてみても頭の中に心は見つかりません。外科医師が実際に頭の中を切り開いても、そこに心は見つかりません。ですから、頭の中には心は存在しないことがわかります。それでは、胸の中に心はあるのでしょうか。同じように、医療検査機械を使用しても胸の中に心は見つかりませんし、外科医師が開胸手術しても胸の中に心は見つかりません。最後に、同様に床の中を調べてみても、そこに心は見つかりません。驚くことに、心はどこにも存在しないのです！　心はどこにも存在しないのですから、心には姿かたちもなければ色や大小も存在しないのでこのことをゾクチェンの教えは「空性《くうしょう》」と呼びます。私たちの心は、まるで何もない空っぽな空間のような姿をしているのです。

空性は私たちの心の一つの側面です。私たちの心にはもう一つ別の側面があります。そのもう一つ別の側面を知るために、次の簡単なエクセサイズをしてみましょう。特別な座法やポーズをとる必要はありませんから、床の上やイスに座ってください。両目は開けていても閉じていてもかまいません。そのまま一分間何もしないで過ごしてみましょう。

さぁ、どうですか？　この一分の間にあなたに何が起きましたか？

そうですね。次々と雑念や思考が湧いてきたはずです。それは仕事に関する画期的なアイデアだったかもしれませんし、お昼ごはんの献立のことだったかもしれませんし、読みかけの本のことだったかもしれません。いろいろな内容の思考が次々と心の中に浮かんできたはずです。この体験からわかることは、心にはさまざまな思考を生み出す能力があるということです。

もう一度床の上やイスに座ったままで、リラックスしてみてください。雑念や思考が心の中から湧いてきて、心の中に消えていくのを何度も体験したり確認したりしてみましょう。心のこの活動的な側面のことをゾクチェンの教えでは「輝き（gsal ba）」と呼びます。

まとめると、私たちの心は姿かたちのない「空性」で、そこには「輝き」という自性が備わっているのです。そして、この「空性」と「輝き」は分離することができない不二（gnyis med）なのです。

悟りと智慧

心からあらわれてくるのは取り留めのない思考や雑念ばかりではありません。慈悲（snying rje）や帰依（skyabs ʼgro）の気持ちも心からあらわれてきます。慈悲や帰依はボン教の教えを支える大変重要なテーマの一つです。たとえば、慈悲の気持ち。慈悲とは、自分のことばかり考えるのをやめて、他の生きとし生けるもののことを慈しんだり憐れんだりする気持ちです。あなたがYouTubeの動画やテレビ番組を視聴しているときに、貧しい子どもや事故により手足を失った人の姿が映像に映されることがあります。そうすると「かわいそうだ」という気持ち、「何か手助けする方法はないだろうか」という気持ち、「この人に幸せになってほしい」という気持ちをあなたは体験することでしょう。このとき、あなたの心の中には慈悲の気持ちがあらわれているのです。あるいは、心の中に帰依の気持ちがあらわれることもあります。ボン教の本を読んでいるときやゾクチェン瞑想をしているときに、「ボン教の教えはなんて素晴らしいんだ！」という気持ち、「ゾクチェンの教えに出会えて幸せだ」という気持ち、「もっとボン教のことを知りたい」という気持ちを体験することがあるでしょう。これらはあなたの心の中に帰依の気持ちがあらわれてきた証拠です。

慈悲や帰依は、ブッダであるトンパ・シェンラプが説いたボン教の教えです。ここでブッダという言葉を使用しましたが、それはいまから約二千五百年前にインドで仏教を始めた釈尊のことではありません。ブッダとは釈尊だけではないのです。ブッダは釈尊よりも前に過去仏として存在していたし、これからも未来仏としてこの世界に出現し続けると、釈尊自身が説いたと言われています。つまりブッダは星の数ほどいるのです。ボン教のブッダであるトンパ・シェンラップもそうした過去仏の一人なのです。

ここで再確認してみましょう。いったい、慈悲の気持ちや帰依の気持ちはどこからあらわれてきたのでしょうか？　窓の外からやって来たのでしょうか？　クローゼットの中からやって来たのでしょうか？　スマホの画面からやって来たのでしょうか？　それとも、あなたの頭の中からやって来たのでしょうか？　あなたの胸の中からやって来たのでしょうか？　あなたのお腹の中からやって来たのでしょうか？　何度もくり返し考えて探求してみてください。これらのどこからでもないことがわかるでしょう。慈悲の気持ちや帰依の気持ちはあなたの心の中からやって来たのです。つまり、慈悲の気持ちも帰依の気持ちも、はじめからあなたの心の中に完全な姿で備わっているのです。

いまは慈悲の気持ちと帰依の気持ちを例に挙げました。考察をさらに一歩進めてみましょう。ブッダの悟りや智慧はどこからやってくるのでしょうか？　しばらくのあいだ、本書を閉じて机の上に置いて、目を閉じて考えてみてください。ブッダの悟りや智慧は本の中からあらわれるのでしょうか？　立派なラマの口の中からあらわれるのでしょうか？　荘厳な神社仏閣の中からあらわれるのでしょうか？　考えてみれば、きっとあなたならわかるはずです。そうです。ブッダの悟りや智慧もあなたの心の中からあらわれてくるのです。あなたの心の中にすでにブッダの悟りも智慧も備わっているのです。このことをゾクチェンの教えでは「自発的完成性（lhun grub）」と呼びます。この自発的完成性は顕教にも密教にもないゾクチェン独特の考え方です。慈悲の気持ちも帰依の気持ちも、ブッダの悟りも智慧も、最初からあなたの心の中に宿っているのです。ですから、あらためて勉強したり習得したり生み出したりする必要がないことになります。そうした理由から、ゾクチェンは、努力のいらない（rtsol med）教えとも呼ばれます。

通常、何かの素養や能力を身につけたり養ったりするためには、必ず努力や勉強が必要とされます。たとえば、ブッダの教えの中でも基本となる教えの顕教。チベットで顕教と言えば中観論または中論を意味します。中観論は素晴らしい教えです。ブッダの悟りや智慧を手に入れるための教えで、大乗仏教のエッセンスだと言われることがありますが、大変難しい教えであることでも有名です。中観論を習得するためには中観論について書かれた難解な経典を読み込んだり、それに関するたくさんの講義に耳を傾けたり、思考を駆使して頭の中でその理論を反芻する必要があります。一生懸命勉強して、心の外側から内側に中観論といういままで知らなかった考え方や理論を取り入れたり、智慧や知識を付け足したりしなければならないのです。中観論が大好きなチベット仏教のラマたちは「とにかく勉強しなさい。智慧をつけなさい。勉強しなければ悟りも開けないし、ブッダにもなれない」と説かれます。なるほど、確かにごもっともなお話です。しかし、こうした言葉を聞くたびに、私は目の前が真っ暗になります。私は勉強が大嫌いなのです。いままで何度も私は中観論を勉強しようと厚い専門書を手に取ったことがありました。しかし、あまりに内容が難しくて、数ページ読んだだけで頭がクラクラすると同時にまぶたが重く感じられるばかりでした。そのたびに「あぁ、優秀な頭脳を持ち合わせていない私には難解な中観論は手に負えない。だから、ブッダの悟りを手に入れることなどは、夢のまた夢。とほほ……」と落ちこぼれの自分を呪いました。

一方、ボン教のラマたちは「勉強ばかりしていては悟れないし、ブッダになれない」と説かれます。彼らは、「ゾクチェンと中観論は異なる教えです。ゾクチェンの教えだけを学んで瞑想すればブッダになれます」と語ります。この言葉に私はどれほど救われたことか。そして、ボン教のゾクチェンなら、私にも取り組めそうだと思いました。どうですか？ ボン教のラマたちの言葉にあなたも心が救われた気がしませんか？ ボン教のゾクチェンは勉強嫌いの私には打ってつけの教えだったのです。

心をむき出しにする

ボン教のラマたちは、いくら難しい教えを勉強して悟りや智慧に関する知識を身につけても、それは単なる思考や言葉に過ぎないと説かれます。本当のブッダの悟りや智慧はもともと私たちの心の中に完全な姿で埋まっているというのです。一方で、勉強すればするほど心の中はよけいな思考で満たされてしまい、心の中に埋まっている悟りや智慧があらわれにくくなるのです。それは雲が青空を覆うのに似ています。心を完成させてブッダの悟りや智慧を手に入れるためには、雲のような思考を晴らして、青空のような心をむき出しに（gcer bur）する必要があります。むき出しになった心こそブッダの心であり、そこからブッダの悟りや智慧が自発的にあらわれてくるのです。ですから、ボン教のゾクチェンでは、勉強ばかりして頭でっかちになるよりも、瞑想によって直接ブッダの心を体験することがずっと重要なのです。

ボン教のゾクチェンには、わずかな時間だけですが、心をむき出しにして、ブッダの心を直接体験できる教えが伝承されています。それが「導き入れ（ngo sprod）」です。「導き入れ」には何種類もの方法があります。これからその中でも特に簡単な「導き入れ」の教えを一つご紹介します。

まず、五要点座法で座ってください。五要点座法は最も基本的なボン教の瞑想座法です。

第一要点、床の上に結跏趺坐やあぐらや正座で座ってください。イスに座ってもかまいませんが、背もたれにもたれかからないで、少し浅めに座ってください。

第二要点、両手の親指の先をそれぞれの薬指の付根にそっと置き、女性は右手の指先を上にして、男性は左手の指先を上にして重ねて、膝の上に乗せます。

第三要点、背筋を真っ直ぐに伸ばし、前後左右に傾けないようにします。

第四要点、少しだけお腹を引きます。

第五要点、両目を普通に開けたままゆったりと正面に向けます。

五要点座法を守ったまま、心をリラックスさせてください。準備ができたら、口を閉じて左右の鼻腔から強く息を吐き出します。それからゆっくりと左右の鼻孔から深く息を吸いこみます。肺が

図6-5　ゾクチェンの「導き入れ」の教えの簡単なやり方

五要点座法で座る。

第1要点　床の上に結跏趺坐やあぐらや正座で座る。イスに座る場合には、背もたれにもたれかからないで、少し浅めに座る。

第2要点　両手の親指の先をそれぞれの薬指の付根にそっと置き、女性は右手の指先、男性は左手の指先を上にして重ねて、膝の上に乗せる。

第3要点　背筋を真っ直ぐに伸ばし、前後左右に傾けないようにする。

第4要点　少しお腹を引く。

第5要点　両目を普通に開けたままゆったりと正面に向ける。

五要点座法を守ったまま、心をリラックスさせる。準備ができたら、口を閉じて左右の鼻腔から深く息を吐き出す。それからゆっくりと鼻から深く息を吸いこむ。

肺が一杯になるまで息を吸い込んだら、口を軽く開けて、肺の中の空気をすべて絞り出すように口からゆっくりと息を細く長く吐き出す。

肺の中の空気が減少するにつれて、心を覆う思考が晴れていく。同時にむき出しの心があらわれてきたら、その状態に留まるようにする。息が苦しくなったら、再び鼻から息をゆっくりと深く吸い込み、口から息を細く長く吐き出す。

一杯になるまで息を吸い込んだら、今度は口を軽く開けて、口からゆっくりと息を吐き出します。このとき、息を細く長く吐き出し、肺の中の空気をすべて絞り出すのがコツです。

肺の中の空気が減少するにつれて、心を覆う思考が晴れていきます。同時にむき出しの心があらわれてくるはずです。むき出しの心があらわれてきたら、なるべくその状態に留まってください。息が苦しくなったら、再び口を閉じて左右の鼻孔から息をゆっくりと深く吸い込み、口から息を細く長く吐き出します。そうすると再びむき出しの心が鮮明にあらわれるはずです。このとき思考がすべて消え去っても、あなたは意識不明にもなっていませんし、眠り込んでもいません。目の前の光景が見えますし、まわりの音や声も聞こえてきます。あなたの心は思考や分別の媒介なしに、目の前の光景や音や声を直接認識しているのです。心が真新しいピュアな鏡面のようになり、何もかもありのままに映し出しているのです。このむき出しになった心の働きをチベット語で「リクパ（rig pa）」と呼びます。リクパは「明知」とも日本語に翻訳されています。それは思考や分別から離れ、主体と対象という垣根を超越した心の働きなのです。このむき出しになった心こそあなたの本当の心の姿であり、あなたが生まれる前からあなたの心の中に宿っているブッダの心なのです。

冴え冴えと燃え上がる大楽

これまでさまざまな場所で、たくさんの方々にこの「導き入れ」の教えを体験してもらいました。

毎回必ず「気持ちがいい」または「心が晴れ晴れする」という感想を語られる方がいます。それはなぜでしょうか？　その体験は何を意味しているのでしょうか？　口から細く長く息を吐き出すにつれ、思考が晴れ渡り、心がむき出しになります。そのとき、あなたは心を蝕む煩悩三毒（nyon mongs dug gsum）から解放されます。煩悩三毒とは、怒り（zhe sdang）、貪《むさぼ》り（'dod chags）、愚かさ（gti mug）のことを指し、私たちの苦しみや悲しみの源泉だと、ブッダの教えでは説かれています。たとえば、スマホのラインアプリでメッセージを送ったのに未読スルーされた怒り、フェイスブックでもっと「いいね」を獲得したい貪り、インスタ映えする写真を撮ることにこだわる愚かさ。私はこれらをSNSの煩悩三毒と呼んでいます。あなたもきっとこうした苦しみにたびたび悩まされていることだと思います。こうした煩悩三毒の正体は思考です。ですから、思考が晴れれば、この煩悩三毒をはじめとするあらゆる苦しみや悲しみから私たちの心は解放されるのです。このとき体験するどこまでも透明な開放感や幸福感のことを「大楽《たいらく》（bde chen）」と言います。

さらにもう少しこの体験を深めてみましょう。もう一度「導き入れ」の呼吸法を実践してください。口から息を吐き出すにつれ、心を覆っていた思考が消散していきます。そして、雨後に雲が晴れて青空があらわれてくるように、むき出しの心があなたにあらわれてくるでしょう。今度はむき出しになった心から揺れ動くことなく、そこにしっかりと留まり続けてみてください。リラックスしたまま、ゆったりと自然に呼吸をしてみます。このとき、両目を開いたまま瞬きをしなければより効果的です。呼吸していても雑念があらわれることなく心がむき出しになり続けていれば、まるで雨後の青空にキラキラした七色の虹がかかるように、あなたの心の中から大楽がより鮮明に輝き出すでしょう。大楽があなたを包み込み、燃え上がるようになると素晴らしい！　この大楽に留まることこそゾクチェン瞑想のエッセンスなのです。

もしも、燃え上がるほどの大楽を体験できなかったとしたら、本格的なゾクチェン瞑想の法門に入る準備が必要だという証拠です。そのために加行という九種類からなる予備的な瞑想にあなたが着手するときが満ちたのです。加行には、無常の瞑想、発菩提心の瞑想、帰依の五体投地、三種の真髄マントラ瞑想、百音節真言瞑想、マンダラ供養瞑想、グル・ヨーガ瞑想があります。これらの瞑想では神仏の姿を目の前に思い浮かべながら、マントラを唱えたり、五体投地の拝礼をしたりします。いよいよ加行が終わり、心にはびこる粗雑な穢れを浄化することができたら、ラマからゾクチェンの教えを授かりましょう。教えの伝授を受けながら、ゾクチェン瞑想を実践して、一歩一歩踏みしめるようにして着実にゾクチェンの階梯を上っていくのです。

長い時間をかけてゾクチェン瞑想に馴染んでいくと、もはや「導き入れ」の呼吸法は必要がなくなります。あなたは瞬く間に心身を極限までリラックスさせ、速やかに心をむき出しにすることができるようになるのです。まるでスイッチを押せばいきなり電灯がともるように、たちどころにあなたはブッダの心へと飛び込めるのです。そして、冴え冴えとしながら燃え上がるような大楽を体験できるようになります。

このゾクチェンの大楽には、顕教や密教には見られないとてもユニークな特徴があります。通常、幸福や喜びを感じるためには、何か原因が必要です。美味しいものを食べたり、仕事が認められたり、友だちと笑い合ったり、他人に感謝されたり、美しい古都の街並みを歩いたりすることが原因となり、私たちはその結果として幸福や喜びを感じます。ある原因によってある結果がもたらされることは、誰もが知っている常識的な法則です。この原因と結果の法則は、ブッダの教えの中で因果律とも縁起（rten 'brel）とも呼ばれていて、顕教を支える重要な理論です。それでは、先ほどあなたが体験した大楽にはどんな原因があったのでしょうか？　どんなことが原因となって大楽の体験が生まれたのでしょうか？　「導き入れ」の呼吸法を用いた段階では、ただ息を吐くだけで、思考が消え去り、大楽があらわれてきました。しかし、最終的には、特別な呼吸法を用いなくても、いきなり心をむき出しにして、大楽を体験することができるようになります。つまり、何の原因もなく大楽はあらわれてくるのです。このようにゾクチェンの教えで説かれる大楽は因果律や縁起を超越しているのです。

弱者を生き抜く

これは常識を超えた体験と発見です。この体験と発見から導き出せることは、私たちが幸せになるために何か原因も必要ないし、特別何か努力をする必要もないということです。難解な中観論を理解しなくても、マンダラやブッダの姿を思い浮かべなくても、特殊な座法や姿勢を取らなくても、どこか聖地に行かなくても、いまあなたがいるその場所で瞬く間にブッダの智慧や大楽が湧き上がってくるのです。高等教育を受けられなくても、高い年収が得られなくても、心を許せる仲間がいなくても、宗教的信条がなくても幸せになれるのです。

あなたがゾクチェンの教えで説かれているこの大楽に途切れることなく留まり続けることができれば、たとえ仕事でリストラされても、愛する人を失っても、重い病に侵されても、将来がかかった試験に失敗しても、容姿に自信がなくても、経済的に恵まれなくても、婚活がうまくいかなくても、ダイエットに失敗しても、一日中誰とも話ができなくても、災害ですべての財産を失っても、誰にもありがとうと言ってもらえなくても、安定した正社員になれなくても、家族やペットを失っても、身に憶えのない差別を受けても、子宝に恵まれなくても、恩を仇で返してしまった後悔の念にさいなまれても、何年も引きこもり生活を送っていても、リモート生活に倦んでいても、自信を持って人生を生き抜いていくことができます。社会的には相変わらずあなたは弱者のままでも、あなたの人生は大楽そのものに変わるのです。人間としての生を授かり、資質を備えた本物のラマに出会い、宝のようなボン教のゾクチェンの教えを授かることができた幸せを噛みしめるのです。そして、いつか死が訪れたとき、死の暴力に屈服することなく、しなやかに死を受け入れたり、乗り越えたりすることができるのです。ボン教のゾクチェンはあなたの人生を支えてくれるのです。

第7章

ボン教の呼吸法——ボン教のヨガが人体に及ぼす影響

テンジン・ワンギェル・リンポチェ
熊谷誠慈訳

リクミンチャ・インターナショナルでの研究活動

本章で紹介する研究は、二つの機関において共同で実施されたものです。

一つは、アメリカ合衆国テキサス大学のMDアンダーソンがんセンターです。がん治療で有名な研究機関です。同機関と、私の創立したリクミンチャ・インターナショナルとの二つの研究機関で共同研究を推進してきました。

一九九一年、私がアメリカを初訪問した際には、NPOとして研究所を立ち上げ、ボン教の伝統と教えを広めたいという想いがありました。加えて、古代から存在している教えが、現代社会にどのように貢献できるのかという想いを常に抱いてきました。

その後、MDアンダーソンがんセンターのあるテキサスで研究ができるようにと、ロックフェラー財団から資金援助をいただき、共同研究を進めました。

いまでこそ、世界中の大きな病院や研究所においても、瞑想が健康に与える影響についての科学研究を行うことに支障はありませんが、一九九〇年頃には、こうした研究に興味を持つ研究機関はほとんどありませんでした。

それ以降、オープンなかたちで複数の大規模な研究を実施してきました。私自身は科学者でもなく実験の担い手でもありませんが、同病院との共同研究には、私の教え子たちが参加してきました。それらの研究の背景には、古代から大切にされてきたボン教の瞑想が、人間の心に対してどれだけインパクトを与えるのかという根本的な問いが存在するのです。

チベットの伝統では呼吸を大事にします。一定のからだの動きや、心の中でイメージをつくる際に、瞑想を実践するのです。その瞑想が身体に多大な影響を与えることは、古代から信じられてきたことですが、近年の科学研究を通じて証明されてきており、いま世界中でこの種の研究が増えつつあります。近年、ボン教の瞑想が、古代の洞窟から現代の実験室へと動いてきています。

私どもの研究の主たる共同研究者は、テキサス大学ＭＤアンダーソンがんセンターのロレンツォ・コーエン（Lorenzo Cohen）先生のグループです。コーエン先生を中心とする医師たちの協力のもと、多くの患者さんが研究に参加してくれることになりました。

続いて、私の教え子である瞑想のインストラクターたちです。彼らは、医師たちが患者たちに瞑想方法や瞑想プログラムの実施方法などを正確に伝達できるよう、医師たちを指導してきました。私の教え子であるアレハンドロ・チャウル博士（Alejandro Chaoul, Ph.D）とコーエン先生が中心となり、研究を実施してきました。

最初に取り掛かったのは、一九九〇年から二〇〇〇年にかけて行ったリンパ腫に関する研究でした。[*1] 同研究では、リンパ腫患者三十九人にチベット・ヨガのプログラムを実施し、睡眠の質の改善が認められるなど、良い結果が出ました。

この成果が評価され、国立がん研究所（National Cancer Institute）から、当時二四〇万ドルの研究費が供与されて、二番目の研究へと進むことができました。そこではチベット・ヨガ・プログラム（Tibetan Yoga Program）の治験が実施されたのです。千年以上も人々が実践してきたヨガのさまざまな姿勢や動きを実験に取り入れました。[*2]

その目的は、ヨガの実践により心身の強化をするということです。ボン教の母タントラからさまざまなエクササイズが生まれていますが、実際に病気を予防するだけでなく、病気にかかった場合にも、ヒーリングや癒やし、治癒の目的でヨガを行います。

三つの要素

ここで三つの要素について言及します。三つの要素とは、からだ、呼吸、そして心です。からだの姿勢や動きは、「気」（流動的エネルギー、ルン、風）を起こしたり「気」に影響を及ぼします。呼吸とかかわる「気」は、からだのすべての機能に関係しています。

「気」は、生命エネルギーや心臓にも強く関係しています。たとえば、心臓付近を通る呼吸に注目し、そこを強化すれば、心臓を強くすることができます。その呼吸、そこで起こる「気」に注意を払うことで、心臓に良い影響を与えることができるのです。

たとえば、みなさんが息をして、ちょうど心臓のあたりを意識して息を止めたとしましょう。ただ、息を止めるという動作だけではなくて、そこに何か温かい思いを集中させます。そして、その後に息を吐き出す。それにより心臓に良い影響を与えることができます。

一九八〇年代に、ディーン・オーニッシュ (Dean Ornish) という医師が、心臓の専門医 (cardiologist) として初めて、心臓に対するプログラムのデザインで、心臓にいい影響を与えるための研究をしました。結果、心臓病を予防するだけでなく、心臓の疾病の進行を食い止め、本来であれば死亡に至るようなケースを逆行させたこともありました。これは科学的に証明された研究となっています。

チベット・ヨガ・プログラム

このチベット・ヨガ・プログラムを実施するのは、仏教徒でなくても、ボン教徒でなくても、ヒンズー教徒でなくてもよいのです。この原則さえ適用すれば、大規模な形で社会的貢献を行うことができます。

実際、すでに社会の多くの場所で、このプログラムが実践されています。たとえば、学校や警察、キリスト教の教会などでも、こうしたプログラムが実践されているという実績があります。

このプログラムは複雑で理解できないのではないか、古代のものだから理解できない、実施できないのではないかなどと思う必要はまったくありません。MDアンダーソンがんセンターにおいて、疾病が悪化した状況で化学療法や放射線療法を受けているヨガ経験のないがん患者たちが、わずか四週間、あるいは七週間のプログラムを実践しただけで、ポジティブな影響が出ました。

チベットのラマたちはこのプログラムに効果があることを知っていますが、その効果は近年まで科学的には証明されてきませんでした。近年、科学者たちが、四〜五日間のプログラムを実施するだけで、寿命を長くする細胞に良い影響があることを科学的に証明してくれたことで、私たちもモチベーションが上がっています。チベット・ヨガ・プログラムでは数週間で効果が得られます。研究結果の一つとして、たとえば、週に一度、このプログラムを実践しただけでは効果は少ないが、週に二度以上なら効果が出てくることがわかっています。

チベット・ヨガ・プログラムのエクササイズ

それではここで、最もシンプルな呼吸法を実施してみましょう。

まず、背骨をまっすぐにして座ってください。そして、胸を開いてください。あごは少し下に向けます。手はリラックスして膝の上に置き、目を閉じてからだに集中してください。そしてからだ全体をリラックスさせてください。自分のからだの中で、少し緊張して窮屈だと感じた場所をリラックスさせてみてください。

深呼吸をしましょう。息を思いきり吸い込んでください。ずっと長く、できるだけ深く。これ以上、吸い込めないところまで息を吸い込んだら、そこで息を止めてキープしてください。なるべく長く保ってみましょう。そして、もうここまでと思ったところで、ゆっくりと息を吐き出してください。できるだけ長く。吐き出している中で、緊張感を一緒にすべて流し出してください。

では、二回目です。もう一度、息を吸い込んでください。これ以上、吸い込めないところまで息を吸い込んだら、そこで息をキープしてください。なるべく長く保ち、ここまでと思ったら、ゆっくりと息を吐き出してください。緊張感と一緒にすべて流し出してください。

この深呼吸を、計五回、繰り返します。

五回の深呼吸が終わりましたら、一度、普通に呼吸をしてみてください。胸のあたりを意識してみてください。すると、胸のあたりが開放的に感じられるかと思います。その気づきがあったら、その状態を保って

図7-1　最もシンプルな呼吸法の姿勢

休んでください。その聖なる清らかな状態で、ゆっくりと休んでください。ちょうど子どもが、お母さんの温かい腕の中にいるような感じです。

はい、では、ここでゆっくりと目を開けてください。

チベット・ヨガ・プログラムのエクササイズの解説

以上のシンプルなエクササイズを、ステージⅢの肺がんの方たちに実施していただきました。息を止めることは、肺の機能が低下している肺がんの方たちには難しいのですが、このエクササイズをすることによって呼吸が長くなっていきました。

その際、心臓のあたりを意識して呼吸をします。息を吸い込んで酸素を取り込むと胸のあたりが広がります。

ボンの教えでは、この「気」が心臓付近に到達している際、それは、「生命力の気」だと言われます。そして、「気」が到達する場所が臍付近に変われば、「火の気」などと名前も変わりますし、質も変わります。すなわち、「気」の機能がからだの部位によって変わっていくのです。

もちろん、がんの患者さんは、いろいろな治療を受けながら同時にこのプラクティスを学ぶことになりますから、それほど簡単な作業とはいえませんが、この実験の際にはそういうことを行っています。

このプラクティスにおいては、瞑想をして障害物を取り除く作業を行います。たとえば、瞑想中に少し眠くなった場合、その眠気も一つの障害物です。それも取り除きたい。あるいは、心静かに集中するための瞑想を行うときに、頭が活発に動いて意識が逸れ、何を食べようかなどと考えてしまうことも、障害物ということになります。このプラクティスでは、そうした障害物を取り除いていきます。

先ほど実施していただいた呼吸法は、肺がん患者の肺機能の向上のためだけでなく、私たちの日々の生活にも取り入れることが可能です。からだを大きく動かす必要はありませんし、非常に簡単に取り入れることができます。

この七週間のプログラムを実施し終えたときに、いくつかデータが出てきました。

睡眠に関するデータ（**図7-2**）のうち、左から順に、睡眠の質的障害、入眠するまでの時間、実際の睡眠時間、睡眠薬の投与量が示されています。左側の棒はプログラムに参加した方々の介入の結果であり、右側の棒はコントロール対象群です。このデータを見ると、このプログラムに参加した被験者たちは眠りへの障害が少なくなり、眠りの質が良くなっていることがわかります。すなわち、不安などの負の要素が減少したことが示されているのです。また、布団に入ってもなかなか寝つけない人が多くいると思いますが、本プログラムを通じて、寝つけない時間が短くなり、眠りの質が改善し、睡眠時間も短くて済むようになりました。その結果、睡眠薬の量が激減したのです。

ここで、考えてみていただきたいのです。睡眠導入剤には莫大な開発費や製造費がかかっていま

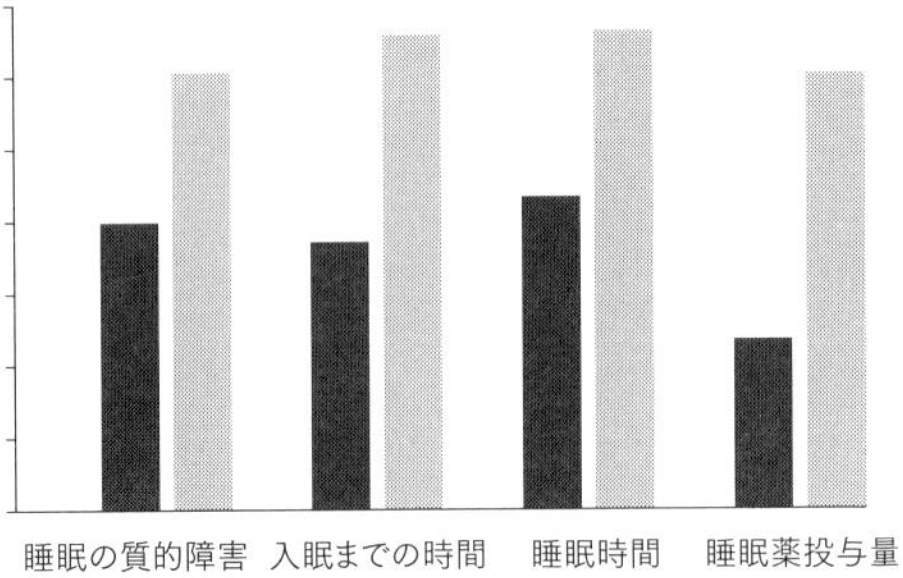

図7−2　睡眠障害のプログラムの結果
グラフの左はプログラム参加者、右は対照群

す。すなわち、近代社会において、不眠は単に個人の健康の問題だけでなく、医療経済的、社会経済的な問題の一つともいえるでしょう。

不安や問題を抱えてなかなか眠れない。そこで睡眠治療を必要とする人が多くいることを考えると、この結果には意味があります。この治療プログラムを受けて、それが有用だったと回答した人が七七％、少しは感じたという人が二三％、有用ではなかったと感じた人はゼロでした。この研究の被験者は四十九名で、比較的小さなものでした。

その後、ＭＤアンダーソンがんセンターで行われた実験はより大規模なものになりました。被験者は三〇〇名の女性で、乳がんで、しかも化学療法を受けている方たちが被験者となりました。この実験では、もう少し簡素な実践を行い、より身体的なエクササイズを取り入れています。

メインは呼吸法です。浄化のための九つの呼吸法、そして瞑想とツァ・ルン（脈管・気）です。これについては、後ほど詳しく説明します。

まず、四つの主たるセッションを行います。その後に、「ブースター」と呼ばれる発展的な副次的なセッションを行います。

その際、へそから頭頂にかけて脈管があると考えます。からだには主として三つの脈管があると考えられています。脈管とは、エネルギーが行ったり来たりする通り道だと考えてください。**図7-3**では右の脈管は白色、左の脈管は赤色、真ん中の脈管は青色で表されています（口絵参照）。

このエクササイズを行っていただくと、実際に、この三つの脈管のどれが機能し、どれが機能していないのかを、明快に感じ取ることができます。呼吸は三つの脈管それぞれ三回ずつで計九種あるわけですが、脈管がからだの真ん中のコアにおいて、非常に開放的になるのを感じ取ることができます。このエクササイズは脈管やチャクラと関係しています。

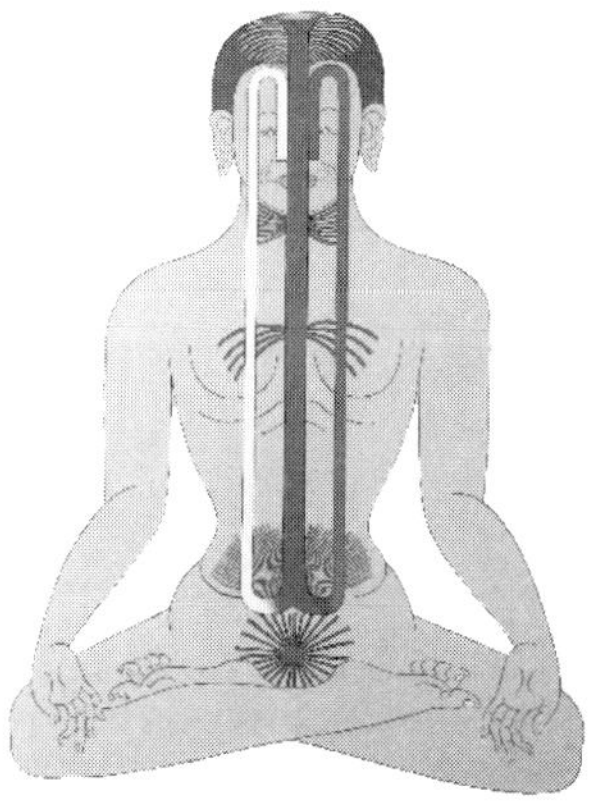

図7-3　からだにある3つの脈管

この研究では、一〇〇名、一〇〇名、一〇〇名と、三つのグループに分けました。一番目は、何も行わない人たちのグループです。二番目はストレッチをしてもらう人たちのグループです。三番目が、私たちのヨガ・メディテーションを行ってもらうグループです。

すなわち、一番目は、通常の治療のみを行うグループということになります。二番目は、通常の治療に加えて、ＭＤアンダーソンの病院の中の理学療法士の指導のもとでストレッチを行ったグループです。三番目は、通常の治療に加えて、私の教え子が実際に出向いて指導し、チベット・ヨガを実施してもらったグループです。これら三つのグループを比較しました。

これらの研究は、私自身が直接参加したものではありませんが、実験に用いるエクササイズの設計を行いました。どのようなエクササイズが一番良いのか、どのようにエクササイズを行うかを考え、最初の指導には私も参加しました。その後、アレハンドロ・チャウル博士が、他の人々を指導して、このエクササイズを日々実践していったのです。

九つの呼吸法

さて、これからメインのエクササイズである九つの呼吸法について説明をします。

右側の白色の脈管が関わっているのが「怒り」の感情です。左側の赤色の脈管は「執着」に関係しています。中央の青色の脈管は「無知」(ignorance) と関係しています。なお、MDアンダーソンがんセンターでは、「無知」という言葉は相応しくないということなのか、「混乱」(confusion) という言葉が代わりに使われています。

ボン教では、仏教と同様に、「怒り」「執着」「無知」の三つが「三毒」と呼ばれ、煩悩の苦しみを引き起こす、悪しき「心の作用」(心所) だと言われています。ボン教では、人間が罹患するすべての病気は、この三つの毒から生じると考えられています。また、この三つの毒は、すべて身体と何かしら関連しています。たとえば、右の鼻から息を出すときには、怒りに関する問題や痛み、疾患などの心的要因を、息と一緒に体外に放出していくのです。

九つの呼吸法の実践

この九つの呼吸法を試してみましょう。まずはからだをまっすぐにして座ってください。シンプルにいきます。

右手の薬指で右の鼻を押して、右の鼻の穴をふさいでください。そして左の鼻の穴からライトグリーンの光を息とともに吸い込むようにイメージしてください。そこで一度、息を止めてから、もう一度息を吸い込みます。鼻だけではなくて、息がからだじゅうを駆け巡っていくというイメージです。この息が臍下の四指の位置（脈管の合流地点）に到達すると、そこで息を止めて、右の鼻孔をふさいだ手で左の鼻孔の穴をふさぎ、右の鼻孔からゆっくりと息を吐き出します。左側の脈管を下った息が、脈管の合流地点を通って、右側の脈管から上がっていきます。

これを三回繰り返しましょう。すると、どうでしょうか。からだの右側の白い脈管が、より開放的に、そしてクリアになっていますでしょうか。これで、からだの右側に「気」が通りました。その動きによって「怒り」が放出されたことになります。「気」が入ってきて、出ていくことによって、その脈管がクリアになっていくのです。

続いて、からだの左側の赤い脈管に働き掛けていきましょう。今度は左手の薬指を左の鼻の上に載せて鼻を押し、右の鼻からライトグリーンの光を息とともに吸い込みます。息が臍下四指の位置に到達すると、そこで息を止めて、左鼻をふさいでいた手で右の鼻孔をふさぎ、左の鼻孔からゆっくり息を吐き出します。右の鼻孔から入った息が、臍下を通ってからだを巡り、左の鼻孔から出ていきます。

これも三回繰り返しましょう。これによって左側の赤い脈管がクリアになります。「執着」などのさまざまな負の感情が、呼吸とともに吐き出されていきます。

続いて「無知」を吐き出す呼吸法です。

私たちは、仕事や人間関係、そして世界全体に対して、疑いを持つことがあります。しかし、自分自身をも疑うことがあるのです。この疑いの気持ちが出てきたときには、自分自身をも疑っているということを認識し、自覚することが大事です。

そうしたことを考えながら、今度は両方の鼻の穴からライトグリーンの光を息とともに吸い込んでいきます。左右の脈管を通って臍下四指の合流点に到達したら、そこで少し息を止めます。その後、両鼻孔から息を吐きます。その際、息は中央脈管を通り、疑念が頭頂から抜け出ます。

以上、三つの呼吸法を三回ずつ行います。これが九つの呼吸法です。[*3]

どうでしょうか。みなさん、九つの呼吸法を実践してみて、落ち着きを感じられますか。あるいは、平静さ、静けさを感じられるでしょうか。この呼吸法によって、そういうものが得られるはずです。

呼吸法をいま実感していただきましたが、さまざまな研究により、私たちの身体には「気」の影響が大きいことがわかっています。

「気」の通り道は「脈管」です。脈管は、体内に何百も、何千も存在しており、非常に複雑な配置となっています。

この脈管を開放し、明瞭にします。そして、「気」を脈管に通していくのです。その結果、心の本質といった生命の根源を意識することができるのです。このエクササイズをすることによって、自らの心をコントロールすることができ、心の質を向上させることができるようになります。

脈管の中でも最も重要なのは、中央の脈管です。これは、精神性を成長させるときに非常に重要な役割を果たします。個人のよい生き方（well-being）、あるいは高いレベルでの覚醒、悟りを獲得するためには、中央の脈管に、いかに沈静化した「気」を吹き込むことができるか、そして、意識というものを高めていくことができるかが重要なのです。

「気」にはいろんな種類がありますが、上記の研究で行ったエクササイズには、五種類の「気」が関わっています[*4]。また、実際に患者へのインタビューを通じて、患者の生活の質の向上と改善が確認されています。

たとえば、参加者のうち七〇％の人が身体的な痛みが減ったと回答しています。痛みがなくなることで薬を服用する必要がなくなり、睡眠の質が良くなり不安がなくなります。ストレスがなくなっていけば身体的な痛みも減少していきます。すなわち、瞑想が医薬品の代わりになるのです。

研究結果の社会への波及

これらの研究成果は、インターネットを通じて世界に広く伝えられました。その結果、メキシコでは、二つの公立小学校がこのプログラムを毎日実施するようになりました。チリでも実施されています。学校に保護者と来てもらい、児童と保護者と一緒に実施してもらいます。これらは公立学校ですから、宗教観を持ち込むことはありません。人間は呼吸をしながら生きている生き物ですから、呼吸についてエクササイズをしてみようというシンプルな考え方なのです。

サンフランシスコのある中学校では、週に三度か四度、一五分から二〇分、このエクササイズを学校で実施したところ、校内暴力が減り、不登校が少なくなり、そして教室における集中力が上がったという結果が出ています。

私の息子はアメリカの学校に通っていました。息子の通っていた学校では、いつも校庭でみんなわいわいと遊んでいました。そして、授業が始まるから教室に入りましょうというベルが鳴った途端に、子どもたちはみな「はい、止まれ（フリーズ）」と言って、動きをそこで一瞬にして止めるのです。

私が学校を訪問したときには、必ず私も一緒にやりました。しかし、「止まれ」と言って動きを止めるだけでは物足りない、もう一歩何かほしいと思いました。つまり、からだを停止させることに加えて「静けさ」というものを意識し、そこに神経が集中できればなお良いと思いました。

しかし、この研究にも残念ながら限界があります。

①たとえば、「上向きの気」、すなわち生命の気を頭頂に向けて上部へと動かしていく。これは実は脳に関係しているはずですが、実験器具を用いて脳内での現象を確認することは簡単ではなく、現状では検証できていません。

②二番目は、「生命力の気」です。これは心臓に関するものなのですが、心や心臓にどのような影響を与えているのかを科学的に検証することはできていません。いまのところ、その研究手法が存在しません。

他方、生命力の活性的な気というものがあります。生命の力が生命と関係していて、心臓と関係しているという話をしてきましたが、これを毎日、定期的に実践していけば、寿命が延びると個人的に信じています。

息を吸い込んで、止めて、そして吐き出すという行為は、心臓の収縮に影響を与えているはずだと私は考えるのです。

もちろん心臓を強くするためのエクササイズは、多くの人がやっています。ウォーキングやジョギングをすることで心臓は強くなります。しかし、その際に、私たちは温かさをそこに集中する、思いをはせるということはしていません。ジムなどでも、そうした行為は行わないでしょう。

③三番目は、「火の気」です。「火の気」は、ちょうど臍のチャクラに関係しています。息を吸い込み、そして、臍のチャクラのあたりで止めます。そのように呼吸をして、消化管が臓器としてある場所に注目し焦点を当てれば、まだ消化できていない食べ物がそこに残っていることも感じられるでしょう。

五種の「気」それぞれを通じて、多数の、そして長期的な効果を、さまざまなレベルで享受することができるのです。しかし、それらをどのようにして患者さんを通じて調べていくのか。それはなかなか困難なことです。

なお、科学研究においては、たとえば睡眠だけを個別的に見て研究が行われていますが、伝統的なボン教の教えからすれば、睡眠だけを個別的に見るのではなく、いろいろな効果を一つ一つチャートを用いて有機的に、組織的に証明することができればどんなによいかと思います。

たとえば、**図7-4**のような複雑なチャートを私は構想しています。瞑想によって、身体のどの部位にどれだけの効果があるのかを知りたい。それも一つ一つ、このチャートにあるようなかたちで同定ができればうれしいです。

「気」の動きには、「上向きの気」「生命力の気」「火の気」「下向きの浄化の気」「遍充する気」という「五種類の気」の動きがあります。そして、それぞれのレベルにおいて効果があることが示されています。その効果はずっと続きます。

身体的な効果、感情的・心情的な効果、精神的な効果、霊的な効果、瞑想における効果、また機能的な効果も入っています。

たとえば、「遍充する気」は、何かが詰まって、ものが動かない、つまり創造的になれないといったときに、「気」によって詰まりを取り除き、通しをよくすることができるのです。

私たちが関心を持って研究と議論をしたいのは、多くのプラクティスの効果を検証していくというよりも、一つ二つのエリアを選定して、どの身体器官に、どれだけの影響があるのかをより深く検証していくことです。たとえば、ストレッチなど、どう身体を動かせば効果があるかということを科学的に検証すれば面白いですね。

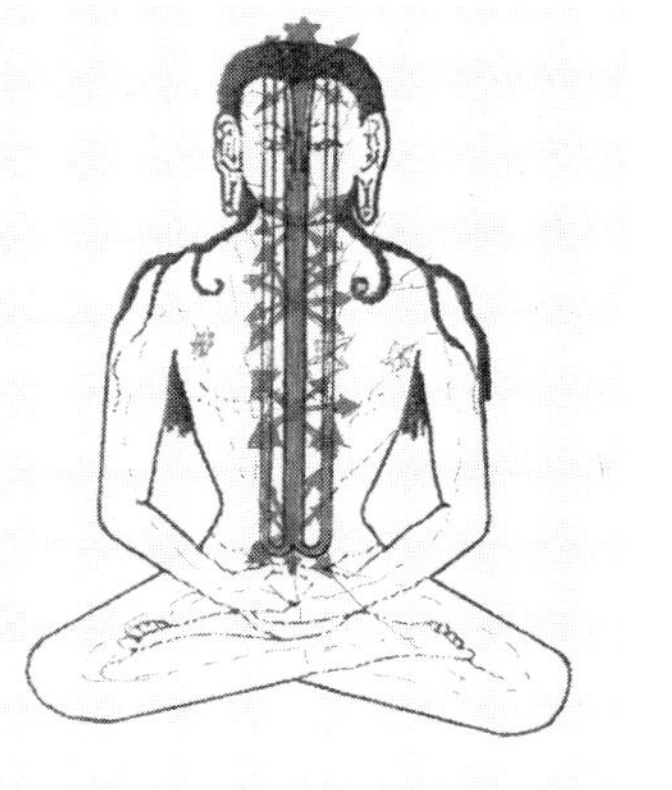
図7-4　さまざまな気のチャート

ボン教の伝統では寿命を延ばすエクササイズだと呼ばれています。
実際、私たちのリサーチにおいてもストレッチを行いました。同じような身体的動きではありますが、ストレッチをした人と、通常の人と、ヨガの経験者との結果は異なっていました。
三つの群にわかれて実験をした結果、ヨガ実践者のグループのストレスのレベルが改善し、不安やうつ傾向の減少もあり、そして睡眠の改善も見られました。三つの群の中で最も顕著な結果を示したのが、このヨガのグループでした。

臨床モデルとしては、たとえば、病院などで受ける身体的なケアについての研究があります。この研究においては、乳がんやリンパ腫の患者さんたちに、サロンにおけるサイコスピリチュアルという心理的・精神的なプログラムを実施しました。

社会性の側面から

最後に紹介する研究は、社会性の側面から考察したものです。[*5] 人は寂しかったり、孤立を深めて寂しさが増長したりすると、心臓の病気のリスク要因が高まると言われています。

たとえば、アメリカに住んでいると、よく運動をし、食事もオーガニックなものしか食べず、いつも健康に気をつけているにもかかわらず、孤立して寂しい人たちをよく見かけます。

この研究は、ステージⅢの肺がんの患者さんを対象とし、十四組のカップルを対象にしたものです。カップルということで、がんの患者さんと、介護をするパートナーの両方に参加してもらいました。

十四組のカップルのうち、ご主人が病気で、奥さんが介護をしているケースのほうが多くありました。その際のキーワードは「つながり」です。孤立しておらず、寂しさがないという意味で、「つながり」という言葉が鍵となるのです。

一セッションを四五分から六〇分として、カップル向けのプログラムを、二、三週間行い、毎日プログラムを実践してもらいました。それは何カ月も続くようなものではなく、わずか数週間、そして、わずか数十分のセッションで効果が出たのです。

肺がん患者に深呼吸をしてもらうというエクササイズを含みました。この治験を終了したのは十組でした。

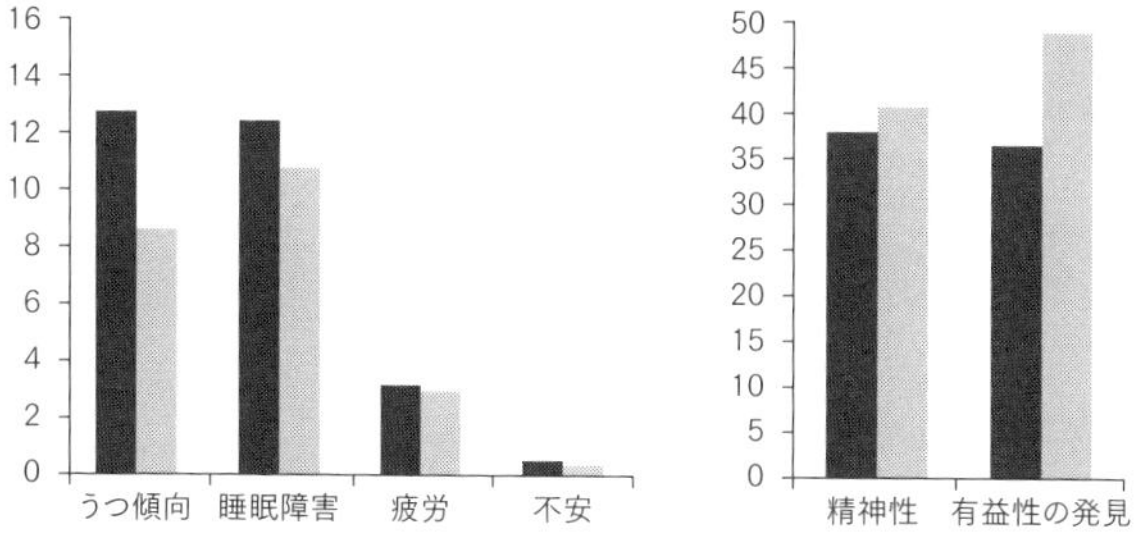

図7-5　患者の実験結果
患者　平均年齢73歳、男性:62%、ステージIII:85%
左:基準値　右:治療後

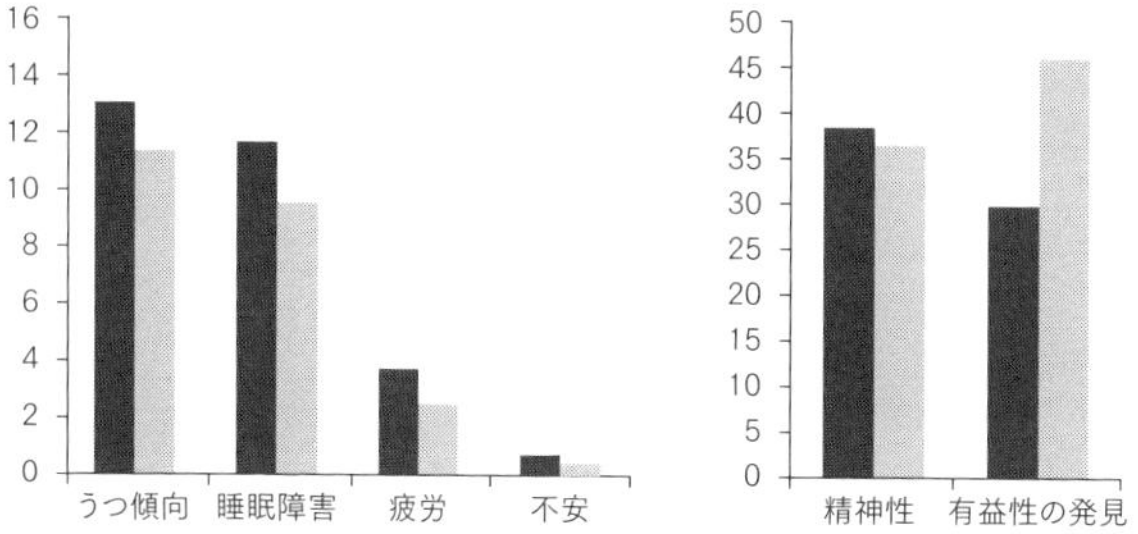

図7-6　介護パートナーの実験結果
介護パートナー　平均年齢65歳、女性:73%、配偶者:85%
左:基準値　右:治療後

図7-5が患者たちの実験結果です。左側の棒がベースラインで、右側

の棒は治療後の結果です。うつも睡眠に関するデータも改善しています。

続いて、図7-6は介護パートナー（care giver）の実験結果です。患者さんも介護パートナーも、ともに六項目ぐらいに改善が見られました。

なお、精神性については、患者さんのほうは、治療が終わった後に精神性が高くなっていますが、逆に、介護パートナーのほうは精神性が低くなっています。なぜ介護パートナーのほうは精神性の部分が下がったのか、その理由はまだわかっていません。他の点については、私たちの予想に近い検証結果が出ましたが、この点だけは私たちの予想と反対の兆候を示しました。

これまで瞑想やエクササイズを教えてきた中で感じてきたことなのですが、カップルの片方が、長い年月、疾患に苦しんで死んでいくという状況に見舞われたときに、たとえば、夫が病気の場合には、介護者である妻のほうも厳しい状況にいるにもかかわらず、介護者側はあまり注目されません。

周囲からは、病人である夫の状況については聞かれるけれども、介護者である自分に対しては、あたたかな言葉や、気遣いの言葉をかけてもらえることは少ないのです。患者だけでなく、その介護者に対してもケアが必要なのです。

最後に

駆け足での結論になりますが、この時代は非常に興味深く、世界中が変わってきたと感じています。特にアメリカにおいてそうなのですが、いろんなことを試したいというオープンな雰囲気が存在しています。病院側だけでなく、一般の人々から、いろいろなことをやってみたい、試してみたいという機運が高まっています。

ボン教の教えは、医療や健康にも多くの恩恵をもたらすと思われます。その一つは、疾病の予防ですが、他にも音楽療法や、音楽瞑想（サウンドメディテーション）など、さまざまな取り組みを行っています。[*6] こうした取り組みを通じて、ボン教の教えを、現代の人々の幸せに少しでも役立てることができると嬉しいです。

［注］

1 Cohen, L., Warneke, C., Fouladi, R. T., Rodriguez, M. A. and Chaoul-Reich, A. (2004) "Psychological adjustment and sleep quality in a randomized trial of the effects of a Tibetan yoga intervention in patients with lymphoma," *Cancer*, 100 (10), 2253-2260, doi: 10.1002/cncr.20236.

2 Chaoul, A., Milbury, K., Spelman, A., Basen–Engquist, K., Hall, M. H., Wei, Q., Shih, Y. C. T., Arun, B., Valero, V., Perkins, G. H., Babiera, G. V., Wangyal, T., Engle, R., Harrison, C. A., Li, Y., and Cohen, L. (2018) "Randomized trial of Tibetan yoga in patients with breast cancer undergoing chemotherapy," *Cancer*, 124 (1), 36–45, doi: 10.1002/cncr.30938.

3 本章では、三種の呼吸を三回ずつ計九回の呼吸を行うことが説かれているが、呼吸の強さについては明記されていない。ボン教の伝統では、三種の呼吸それぞれを、弱、中、強の三段階で行う形式がしばしば提唱される。同じ呼吸を弱、中、強の順番で計三度行い、次の種類の呼吸へと移るパターンもあれば、最初に弱い呼吸で三種類の呼吸を行い、続いて中くらいの強さで、最後に強い呼吸で三種類の呼吸を行うというパターンもある。

4 五種類の気とは、①上向きの気、②生命力の気、③火の気、④浸透する気、⑤下向きの浄化の気（テンジン・ワンギェル・リンポチェ著、松田和也訳『チベット　聖なる呼吸法』学研プラス、二〇一二年、七一–一三二頁参照）。

5 Milbury, K., Chaoul, A., Engle, R., Liao, Z., Yang, C., Carmack, C., Shannon, V., Spelman, A., Wangyal, T., and Cohen L. (2015) "Couple-based Tibetan yoga program for lung cancer patients and their caregivers," *Psychooncology*, 24(1), 117-120. doi: 10.1002/pon.3588.

6 たとえば、これまでの研究結果をもとに、『チベット　聖なる音のパワー』（テンジン・ワンギェル・リンポチェ著、宇佐和通訳、ベストセラーズ、二〇一〇年）という書籍を出版している。そこでは、「ア」「オム」「フン」「ラム」「ザ」という五つの音素について説明をしている。

第8章 ボン教のドリームヨガ

テンジン・ワンギェル・リンポチェ
熊谷誠慈訳

ドリームヨガ（夢のヨガ）

ドリームヨガはボン教の教えに基づいています。本章では、後述する母タントラとの関係から、ドリームヨガについてお話しします。ドリームヨガの目的はスピリチュアリティ（精神性・霊性）の強化です。さらには悟りの知を強化するためのものです。すなわち、悟りに向けた高次のレベルでの知を得ることが目的なのです。そこには、いろいろな悩みや課題、問題があり、それらを浄化していくと同時に、個人が持っている可能性や性質、そして能力を発見していくプロセスでもあります。

ヒマラヤの伝統には「夢を用いる」という考え方があります。そこには、一般の人々のやり方や、ヨガ行者のやり方、学者たちのアプローチなど、相違はありますが、夢を活用するという考え方は一緒です。

世界中を見渡しても、科学者であれ、宗教家であれ、あるいは芸術家であれ、夢の中で何かを発見したというエピソードをよく耳にします。多くの偉人たちが、夢の中で何かを悟る、あるいは発見するということを経験しています。たとえば、夢を使って人とコミュニケーションをする、しかも、いま生きている人とではなく、故人と話すことを行うことがありますが、これは日本人には馴染み深いものだと思います。故人とは、電話やメールを通じて意思疎通することはできませんので、代わりに夢を用いるのです。

また、学生であれ、学者であれ、何か専門的な研究に携わっている人たちは、夢の中で哲学的な回答を得ることができ、人間としての成長につなげていくことができるという経験をすることがあります。

たとえば、寝ているときに、求めていた答えが出てくる、あるいは、何冊もの本の内容について、夢の中で示唆を得るといった経験をすることがあります。

何カ月も洞窟の中に入って瞑想実践する人たちが、実際にこの瞑想実践に成功したのかどうかという疑問に見舞われることがあります。もちろん、自問自答して答えを見つけることもありますが、彼らの多くは自分自身の顕在意識には信頼を置いていません。

そこで、眠りの中で、回答としてのお告げを得たい。自らの行いが正しいのか、成功しているのかという答えを知りたいと思ったとき、多くの夢を見て、それを判断材料にするという手法が用いられるのです。

また、たとえば、小さな村に住んでいる人が、夢の中で素晴らしい情報を得ることができることで、その地域で有名になる場合があります。すると、いろいろな人たちが、その人のもとに出向き、自分の人生や将来について質問や相談をしてくるようになります。

その人は、質問や悩み相談をしてきた人たちから持ち物を借りて、枕の傍に置いて寝て、そして見た夢をもとに、何をすべきで、何をすべきでないかを助言するのです。

ボン教においても夢が用いられてきました。夢を通じて予知や予告などを行います。医師や霊媒師たちは、夢を用いて診断し、癒やしや治療を行います。

夢の位置づけ

夢にせよ、睡眠にせよ、人間の平均寿命から逆算すれば、一生のうち二十年から二十五年分の時間は、寝ているか、あるいは夢を見て過ごしていることになります。

人生の三分の一近くの時間を、睡眠や夢に費やしているわけですから、その時間をどのように使うべきか、あるいは使うことができるのか。特に、精神性の実践に関連して、人間としての成長に関わるということであれば、これは大切に扱うべきだと思われます。

考えてみてください。毎日私たちは寝ていますが、私たちは人生の中で、すでに総計十年分以上の時間を寝て過ごしてきたのです。十年、十五年という長さの睡眠時間の中で、何が起こっていましたでしょうか。何も起こっていなかったということはありません。睡眠中だからといって心と脳とからだに何もなかったわけではなく、多くの活動が起こっていたはずです。そして、おそらくそれらの睡眠、夢活動の中には、ネガティブなものも多くあり、それらがどんどん悪化していることはないでしょうか。

これまでの研究の結果、人間の見る夢が、マイナスからプラスに転じる確率は、プラスからマイナスに転じる確率よりも低いと言われています。すなわち、ほとんどがポジティブからネガティブへと動くということなのです。

つまり、人々にはリラックスすることが欠けているのです。ですから、休息を取ることは大切なのです。

良い休息を得た後には、とても良い気持ち、良い状態になれるものです。健康も記憶も、そしてエネルギーも、最高の状態を求めるものですが、近代社会においては、その実現が簡単ではないことは、誰でも感じていることでしょう。

唯一、夜寝ているあいだくらいは、休息が取れているだろうと思うものですが、その寝ている、休息しているはずの夜も、体内は非常に忙しくしているのです。

そこで、このドリームヨガを実践していただきたいのです。

なぜ夢を見るのでしょうか。そこには、私たちの感情や活動、想いが絡んでいます。みなさん、最近、自分が見た夢を思い出してみてください。

たとえば、思い返せば、あの人に会ったなと。その会ったときに自分はこんなことを感じて、こんなリアクションが起こったと思いだすかもしれません。そのように、実際に起こった現象が夢に何らかの影響を与えたということはなかったでしょうか。

寝る前、まさにこれから寝ようというときに、そのあたりのことを考えてみてください。もうこれで寝るんだから、働かなくてもいいし、話をしなくても、何も考えなくてもいいんだ。ようやくこれから眠れるぞと思うかもしれませんが、実際はそう簡単ではありません。

母タントラ

ドリームヨガは、母タントラに基づく精神的な実践を強調します。母タントラには、ものを変容させる力があります。たとえば、ある草花や植物を乾燥させて加工すれば、薬に変容します。そして、その薬を使って心身の健康、向上をはかるといったイメージです。

ドリームヨガもそうですが、悪いもの、あるいは悪い夢を、この方法を通じて良いものに変えていく。「変える」というところに母タントラの教えの特徴があります。

精神的あるいは感情的なものを浄化し、異なる次元のものへと変容・変化させていく。それが母タントラの教えです。顕教の場合には、悪いものを良いものへと変化させるということはなく、一貫して、悪いものを避けるという姿勢を貫きます。また、ゾクチェンも、ものを変容させることはありません。そこにあるがままにとどまるのです。

例としてわかりやすいのが毒です。普通の人は毒を避けます。これは顕教に似ています。しかし、医学においては毒を薬に変えていきます。これは、密教的といえるでしょう。他方、クジャクは毒を食べてしまいます。毒を捨てることもせず、変えることもせず、毒をそのまま飲み込んでしまう。これはゾクチェン的です。このように、毒に対して三つのアプローチの仕方があるのです。

眠っている際の身体活動――六つのチャクラ

私たちが日ごろ感じている想いや、活動に際する思いは、内在化、沈静化していきますが、眠りの中で無意識が目覚めます。そして活動が起こるのです。

身体には六つの要所があります。頭頂、喉、心臓、臍のあたり、性器（陰部）のあたり、そして足元です。これらを六つのチャクラと呼んでいます。これらのチャクラ一つ一つが、なにがしかの感情と関わっています。

足元のチャクラは「怒り」に関するものです。陰部、性器のあたりのチャクラは「執着」、臍のあたりのチャクラは「無知」、心臓のあたりのチャクラは「嫉妬」、そして、喉のあたりのチャクラは「傲慢」に関するものです。最後に、頭頂のチャクラにおいては、そこに通ずる五つのチャクラが統合されています。五毒（＝怒り、執着、無知、嫉妬、傲慢）のバランスが取れていればいいのですが、そうでない場合もあるでしょう。

おそらく性器のあたりが秘密で、そのチャクラが「執着」に関するものだということは連想しやすいと思います。しかし、心臓部のチャクラが「嫉妬」に関するものだということは連想しにくいかもしれません。そこには嫉妬ではなく、執着があるのではないかと思い込んでしまう人もいるかもしれませんが、実際にはそうではありません。私たちが眠りにつくと、意識が、六つのうちのどこかのチャクラに向かいます。

たとえば、嫉妬心があってそれに苦しんでいるとしましょう。それは心臓のチャクラに問題があるのです。その嫉妬心が原因で喧嘩をしていることもあるでしょうし、嫉妬心を非常に強く感じていたり、あるいは常にとらわれていたりすることもあるでしょう。

その状態で眠りについたとき、もちろん、物理的には誰かと喧嘩をしている状態ではなく、ただ一人で横たわって寝ています。しかしながら、その嫉妬の感情は、心臓のチャクラ近辺にずっとぶら下がっている状態なのです。それは一見、眠りの静けさの中にあるかのようで、自分自身でも気づいていない感情なのです。

みなさんが疲れて、眠りに落ちたとしましょう。たとえばその際に、みなさんの意識が、嫉妬に満ちた心臓近辺のチャクラに向かいます。なぜそこに意識が向かうかというと、そこに痛みや違和感を覚えるからです。

物理的な痛みがあった場合には、意識がそこに向かいます。「気」（流動的エネルギー、ルン、風）と意識とが一体化して心臓あたりのチャクラにやってくると、非常にアクティブな状態になり、意識下にあった嫉妬心がよみがえって顕在化するのです。

以上は心臓のチャクラについての説明でしたが、六カ所のチャクラすべてにおいて同じような現象が起こるのです。

何時間も熟睡しているあいだ、本来であれば休息をしているはずの時間にもかかわらず、意識は非常に忙しい。心臓のチャクラでは嫉妬に見舞われて苦しみが生じ、非常にアクティブな状態となっています。その際、心臓はとてもつらい状態にあります。夜を通して心もからだも疲れていく。そして呼吸も疲れていく。その際、顕在意識が働いていないために、コントロールも利かないのです。

睡眠の質をどうコントロールするか

たとえば、「よくない一日だった」、「人間関係もよくなかった」といった感情が生じると、その憂鬱は夜まで続くものです。それが一日限りでおさまるのであれば問題ないでしょうが、その状態が十年続いたらどうでしょうか。それは、単に精神面のみでなく、老化や身体的健康などにも負の影響を与える可能性があります。すなわち、心身のエネルギー全般に、負の影響を与える可能性があるのです。そして、将来の健康や、周囲との関係性にも影響が及ぶかもしれません。

そこで、シンプルな問いを立てるのです。その状態はずっと続くのか。その状態を変えることはできないか。

私の回答は「変えることができる」です。そして、そこには選択の余地があります。たとえば、「今日は悪い一日だった」と思う日があるでしょう。苦しみがあり、嫉妬の気持ちがある。いざ眠りにつこうとしたときに、それらに気づくべきなのです。胸が痛く、嫉妬を感じている状態で、はたしてそうした負の感情を抱えたまま眠るのか。それとも、それを何とか変容させて、そこにクリアな空間を得てから寝るのか。

「睡眠の質をコントロールできる可能性はあるのか」という質問に対して、私は「イエス」と答えてきました。少なくとも、選択の余地はあると申し上げたいのです。

たとえば、眠る前に注意をし、姿勢や態度に意識を働かせることで、早く眠ることができ、また長く眠ることができ、そして、より良い起床が可能となり、起床とともにエネルギッシュな状態でいられるようになるのです。

夜、なかなか眠りにつけないという相談をいただくことがあります。不眠は現代病の一つです。なぜすぐに眠りにつくことができないのかと考えたときに、思いつく理由としては、そのときのムードや気分が原因なのだと思います。

おそらく、何らかの心理的なエネルギーが高まっていて、眠りを邪魔するような心理状態にあることが原因ではないかと考えられます。

大切なのは、いつも正しく、良い休息を得るということです。少し横になると、いろいろな想いが浮かび上がってくるはずです。まずは、そうした想いや感情に気づくことです。それらに心を傾けながら休息をとること。その際、呼吸を意識しながら、そうした想いや感情を、からだの外にどんどんと放出していくのです。

ボン教では、息についても「呼吸の光」とよばれるものがあります。そこに意識を集中します。そうこうしていると、何の難しさを感じることもなく、すぐに寝つくことができます。仮に真夜中に目が覚めてしまっても、このやり方で、再び眠りに落ちていきます。眠る態勢に入ったとき、自分のからだや心や息が、本当にクリアかどうかを自分自身に問いかけます。それらが不純物にまみれていないか、汚れていないか、と。

そうした眠り方を実践して慣れていくと、毎晩、これらの作業を自動的に、自然に行うことができるようになります。もちろん毎回成功するとは限りませんが、成功する確率が高まっていきます。

こうした睡眠の質の改善ができなければ、一生のうちの十年分、十五年分といった非常に長い時間、ネガティブな問題をからだと心にまとって眠ることになり、心身に大きなダメージを残すことになります。全人生の睡眠時間を総計すれば、重大な事態だということがわかると思います。

私たちは、起床したときに、眠りの質がどうであったかを理解することができます。起床したときに、クリアでエネルギーが満ちていて、ポジティブな気持ちになれていたとすれば、その眠りの質は良かったと、後づけで気づくことができます。

眠りは誰もが行う行為ですが、単純な行為ではありません。非常にエキサイティングな活動なのです。そして、精神性や、聖なる存在に向き合うための道筋としても使うことができるのです。また、自分自身と向きあうこともできます。眠りを通じて、それらがよりクリアに、そしてより素晴らしいものになっていくのであれば、非常に楽しいものだと思います。

睡眠には二つの効能があります。まずは、毎晩、私たちは睡眠を通じて、日中に得た疲労や損傷、痛みなどを解消し、浄化することができます。

また、その眠りを使って、夢を通じて何らかの答えを見つけることができます。自分たちの中に潜在的に存在している可能性や能力を顕在化させるチャンスが得られるのです。しかし、そのチャンスを私たちはしっかりと使えているでしょうか。もし、使えていない場合、どうすればそのチャンスを使うことができるようになるのでしょうか。

明晰な夢を得るために

一つ非常に大事なエクササイズがあります。それは、どのようにして明晰な夢を得ることができるかということです。

「ミラム・シンタク (rmi lam zin rtags)」というチベット語があります。それは「夢を通じた精神性の発展」とも言い換えることができます。夢を見ているとき、自分でそのことを知っている、気づいている。「あ、いま夢を見ているんだ」ということがわかるのです。

では、どうすれば、この明晰な夢が得られたと判断できるのでしょうか。明晰な夢が得られたときにはいくつかの現象が起こります。たとえば、怖い夢を見ていたとしましょう。死にいたるような夢を見ているまさにそのとき、「これは夢なんだ」と気づくことができれば、「どうせ夢なのだから、別にかまわない」と思い、恐怖から解放されます。

あるいは、財布をなくしてしまったというのも恐ろしい経験です。しかし、「これは夢なんだ」と気づけば怖くなくなります。事故であれ事件であれ、悪い夢を見たときに「これは夢なんだ」と気づくことができれば、その瞬間から、恐怖や不快感から解放され、安心した眠りを維持することができるのです。

他方で、楽しい夢もあります。たとえば、夢の中で、空を飛んで好きな場所を訪れたり、好きな人と楽しい時間を過ごしたりすることができれば、楽しく眠り続けることができます。もしかすると、今晩、夢の中でワシになって空を飛んでいるかもしれません。

ここで考えていただきたいのです。そのような夢を見るということは、いったいどんな意味があるのでしょうか。そのとき、みなさんの脳やからだには、何が起こっているのでしょうか。

飛んでいるという感覚、非常に広く、そして自由に、何もかも乗り越えて行っている感覚。それらもたかが夢に過ぎないと軽視されがちですが、身体、あるいは心に与える影響は非常に大きいのです。

よく日中に「元気ですか」と聞かれて、「絶好調です」などと答えることもあるでしょう。知覚的には絶好調と言えますが、そのような状態と、夢の中で本当に飛んでいる自分との感覚の差を感じてほしいと思います。

つまり、明晰な夢を持つことの意味とは、心の奥底に影響を与えるということなのです。すなわち、非常に深いところに根差した個人個人のコンディションに影響を与えるということなのです。

誰しも、同じ夢を何度も見たという経験があるのではないでしょうか。なぜ、同じ夢を何度も見るのかという質問を受けることがあります。それは、あなたがよく物事を聞かないからだと答えるようにしています。つまり、夢は、何度も何度もあなたに何かを呼びかけているのに、あなたがそれを聞いていないから、何度も同じ夢を見るのです。

そして、その夢は、みなさんの夢の中だけで起こっているものではありません。その夢は、みなさんの人生の中で、実際に起こっていることと深くかかわっているのです。その夢を詳しく分析してみると、その夢で現れている一つ一つの状況や感情は、実際に起こっている人間関係であったり、仕事場での状況であったり、自分の抱えている感情、あるいはそのときの気分やムードと関連性があるのです。

これらは、業（カルマ・行為的エネルギー）や習気（潜在的エネルギー）と呼ばれています。基本的に人々の習慣やコンディションのようなものです。たとえば、中毒症状もその一つです。中毒といっても、べつにアルコール中毒のような、物質に対する中毒ではなく、常に怒りを感じるといった、精神的な中毒状態といえるでしょう。あるいは、常に悲しまずにはいられないような状況、そういったことが人生あるいは生命に影響を与えているのです。

覚醒時の心のコントロール

そうした負の状況も、この明晰な夢を得ることができれば一変させることができます。これは覚醒状態と似ています。たとえば、みなさんに怒りが起こったとしましょう。特に、怒っている人に対して「あなたは怒っているね」と指摘すると、「私は怒っていない」と答える人がいるでしょう。その人の意識を変えることは簡単ではありませんし、怒りを鎮静化させることも難しい。なぜかというと、その人は自分が怒っているということを認識できていないからです。その際、自分が怒っているということを少しでも意識することができれば、あるいは意識しようという意図があれば、怒りを出す前に、何かを言う前に少し考えるでしょう。そして自分が怒っていることに気づくでしょう。そうやって、怒りに気づいたときに、怒りは鎮静し始めるのです。

怒りにせよ、執着にせよ、まず自分自身で気づくことが大切です。すなわち、自己の知が必要なのです。ひとたび自分自身の感情に気づけば、そこから選択肢が生まれてくるのです。

一番目の選択肢は、気づいていても、怒りや欲望のままに進んでしまうケースです。

二番目の選択肢は、気づいたうえで、注意しようと思うケースです。

三番目の選択肢は、気づいたうえで、この状態から脱却しようとすることです。すなわち、「九つの呼吸法」を実践することで段階的に心の浄化をするのです。[*1]

以前に、女性の教え子がいました。彼女は、会議中に怒りが出てきたときには、何とか自分で怒りの感情を抑えながら議論を行っていました。しかし、会議中に怒りが収まらなくなると、会議室を出てエレベーターに乗って、上がったり下がったりしながら、九つの呼吸法を実践していたそうです。そして、心が鎮静化し、安定してから会議室に戻りました。

彼女の状態は、怒りに任せて行動するという段階をすでに克服し、自ら怒りをコントロールして誘導できていることになります。これは誰でも実践できることなのです。

同じ方法を、怒り以外の負の感情の解消にも応用することができます。自分でまずその感情に気づくことから始まります。ただし、そのためには少し練習と工夫が必要となります。

ところで、偉大なヨガ行者は、完全な悟りを得ると、空を飛ぶことができると言われます。また、状況をすべて変えることができるとも言われます。それはなぜなのでしょうか。実は、そこには完全なる解放があるからなのです。

人それぞれいろいろな状況があると思います。人によっては複数の性格や多重人格を持っていたり、人によってはオレンジに対するアレルギーがあったりします。

実際、ある多重人格者のもつ一つの人格がオレンジに対するアレルギーを持っていたために、オレンジを食べて死んでしまったということがありました。もし、オレンジを食べても死なない人格が出てきているときにオレンジを食べていたら、その人は死ななかったはずです。しかし、オレンジのアレルギーを持つ人格が出ているときにオレンジを食べて死んでしまったのです。これは、同じ一つのからだでありながら、精神がその人の身体を支配していることの証明の一つになるでしょう。

日中、私たちは覚醒しています。覚醒している中で、気づきを得ることができます。それに加えて、夜の眠りの中にあって明晰な夢を見ることができるとします。すると、日中の覚醒的な気づきと、夜の明晰な夢とが互いに補完し合う関係となり、日中の自己の気づきが夜の明晰な夢を助けることになりますし、また夜の明晰な夢が日中の自己の気づきを助けるという補完的な関係ができあがるのです。

明晰な夢を得るための実践方法

明晰な夢を得るためには、四種のエクササイズが必要となります。たとえば、スタンフォード大学のスティーブン・ラバージ（Stephen LaBerge）先生は、主著『明晰な夢（Lucid Dreaming）[*2]』で有名な研究者ですが、目の光の動きで、人が夢を見ているのかどうかを判別するコンピューターのプログラムを開発しました。その光が強くなったり暗くなったりすることで、その人が夢を見ているのかどうかがわかるといったプログラムです。また、ラバージ先生は、夢分析の実験を通じて、人の日中の行動の解析にまでつなげました。

たとえば、人前で話すのを怖がる人が、このテクノロジーを用いて夢を見ることで、人前で話すことができるようになります。あるいは、足をけがして歩行困難であった人が、このテクノロジーを用いて実際に走る夢を見たことで、日中にその気づきを生かして、症状が改善し、回復につながったという実例があります。ラバージ先生の研究を通じて、夢の活用が心身機能の向上に有用であったことが証明されたのです。

チベットでは、コンピューターが登場する何百年も前から、夢を通じた心身機能の向上を実現していました。それでは、古代のチベット人たちは、コンピューターとは異なる、いかなるテクノロジーを用いていたのでしょうか。

原則は同じです。光がチカチカすれば、夢を見ていることのサインなのです。実は、ヨガ行者がビジョンを見る際、ビジョンそのものが光なのです。もし、夢の中でその光が生じた場合、それそのものがメッセージとなります。人生で経験するそれそのものがメッセージということです。人生において困難や問題が起こったとしても、それらがメッセージであることがわかるでしょう。そのメッセージから、何かを学び、現状を変えることができるのです。

このエクササイズはシンプルです。日常生活において、息も心も、いま私が認知しているものごとがすべて、自分自身がいま考えていることと直接つながろうとしています。

いろいろな気づきがあります。これが夢そのものだと思いたくなければ、夢のようなものだと思えばいいのです。そのように言って、感じてみましょう。ただ、そのときには、心の奥底から言い、感じる必要があります。

みなさん、お店に入って何か買い物をしたいけれどお金がない。高すぎる。そうすると実際には買わないけれども、買うことを夢見たりしませんか。お店に入って買いたいな。でも、この値段では買えない。しかし、それが夢での出来事だったとしたらどうですか。みなさん、お店に入ってどう言いますか。

そのものを見て、おそらく夢の中であったとしても、ああ、買えないと諦めの気持ちが起こるでしょう。現実であれ、夢の中であれ、そこには一貫性があります。

もちろん、高価であるというのはあくまでも相対的な話であり、自分にとって値段が高いからといって、他人にとってはその値段は高くないかもしれません。そこにこそ、自分自身のアイデンティティが出てきます。その商品を見たときに、自分のまさにアイデンティティ、自分自身というものがその物体に投影されるのです。

では、それが現実ではなく夢だとわかった場合にはどうなるでしょうか。みなさん、夢の中でお店に行き、その商品を前にしてこう言います。「高くてもいいじゃないか。だって夢だもの」。そうすると、いままで高いと思っていたその物体が、質的に変容していきます。これは夢なんだと。夢だとわかれば、ためらわずに買うことができますよね。

これは、夢を見ている中で、自分自身のアイデンティティが変化していったということを意味しています。いままでは商品を目の前にして「買えない」と緊張していた自分が、だんだん解放されていきます。そして、それが夢だとわかったことで、その商品と自分との関係性が変わっていくのです。

もしかしたら、本当に夢なのかもしれません。もしかしたら、夢の中で買うかもしれません。しかし、夢が覚めれば、実際にそのお店に行ってその商品を買うことができるようになるかもしれません。その場合、その商品と自分との関係性が変わったことになるのです。つまり、夢の力を借りることで、不可能を可能にすることができるのです。実際、多くの偉大な人たちの発見が、夢を通じて行われてきました。

ファイルの整理

また、別の例をお話ししましょう。いまこの瞬間にも、コンピューターで言われるところのファイルが、私たちの頭の中、心の中で、多く作られているのです。私が話をしているときにも、次々とファイルが作られていきます。みなさんがいろいろ話を聞いていく。すると、そこにもどんどんファイルが作られていくのです。

ファイルがどんどん作られていくと、それを保管する必要がでてきます。何という名前のファイルにしましょうか。たとえば、「これは夢だ」という名前でファイリングしてみます。

次にそのファイルを開けてみてください。ファイルを見ます。ファイルの名前は「これは夢だ」。

つまり、ファイルだけではなくてファイルにつけた名前も、無意識の中に保存されるのです。ですから、どういう名前をつけるかということも大事なのです。

ただ、名前のつけ方については選択の余地があります。たとえば、「これは夢だ」というラベルをつければいいのです。一つ一つの経験にファイルができ、それら一つ一つに名前をつけることができる。それは、今晩の夢の中では出てこず、別の日に出てくるファイルなのかもしれません。

すなわち、すべての夢は、まさに自分自身がつくったファイルの集まりなのです。「もう夢なんて嫌だ」と思うのであれば、やり直しましょう。悪い夢というのは悪い「気」（ルン）、そして悪い「業」（カルマ）が原因となってできていますが、それらを削除することができるのです。

そのためのエクササイズはシンプルです。一つ一つの現象に、「これは夢です」という名前をつけていきます。「これは夢です」という言葉が発音しにくければ、別の名前をつけてもかまいません。

その際、その問題と闘ってやっつけるのではなく、その問題とともに休息を取るのです。まさに、その問題と直面しているときには、怖いものに邪魔をされていると感じるものです。しかし、それと闘うのではなく、一歩引いて深呼吸します。そして少し間を置きます。そしてすきまをつくります。その空間は、問題となっている対象物との関係に少しでも変化が起きるまで待つためのものです。

このエクササイズは、コンピューターで光がチカチカしているという話と、似ている点があるのです。つまり、どんなふうに対象物を感じるかということです。

たとえば、みなさん、不動産業界で働いているとします。ビルを買うたびに、このビルは売れるだろうか、売れないだろうか。どんなビルに入っても、あるいはどんな土地を見ても、買ったり売ったりしないといけない気持ちになります。

あるいはレストランのオーナーであれば、ここをレストランにしたらどうだろうかという思いにいつも見舞われると思います。つまり、自分が見たいものを見る。目に入るものはすべて私たちの心に影響を与えるのです。

もちろん、それでかまいません。見たいものを見ているわけですから。しかし、それによって支配されるのではなく、それらをむしろコンディショニングし、コントロールしていくことが大切です。つまり、「これは夢なのだ」というような捉え方です。

続いて、二つ目のエクササイズに進みます。これは、自分が何かに対して反応するという話です。私たちはものを認知します。気づいたものについては、これはいいなと思ったり、これは嫌だなと思ったり、何らかの感情が生じます。しかし、たとえば部屋にいるとき、いろいろなものが見えますが、すべてにリアクションしていくことはできないですよね。そんなふうに認知した対象物との関係性が、夢に対して強いインパクトを与えるのです。

私たちは、見たものすべてを覚えていて、それらがすべて夢に出てくるというわけではありません。見たものの中で自分が反応したものが夢に出てくる。その関係性が夢に出てくるのです。そうした現象の体験のファイルを保存するときに、正しく適切に「これは夢なんだ」といってファイリングしておくことが大切です。そして、夢に対して十分に注意を向けることが大事です。

以上、夢に関する二つの重要なエクササイズについてお話をしました。日中に行うプラクティスが、夜の眠りに影響を与えるということを知っておくことが重要です。

就寝前と起床後に行うエクササイズ

続いて、残る二つのエクササイズについてお話をします。これらは、眠りの前に行うエクササイズであり、少し副次的なものです。

寝る前に少し、その日のことを思い返します。私は今日一日どんな感情を持って生きてきたのだろうか。難しい日だったのか、楽な日だったのか。何かにしがみついて過ごしてしまった一日なのか、などと考えます。そして、その関係性に意識を置きます。寝る前に十分に心が澄んできて、自由になって眠りに入るだろうかと思いをはせます。

必要なエクササイズは、祈りかもしれませんし、呼吸法かもしれません。あるいは気づきをもってクリアにしていくというプロセスかもしれない。しかし、考え方はいたってシンプルです。寝る前に、いろいろな経験がファイルになっていますから、そのファイルを削除するか、あるいは削除できないのであればファイル名を変えるという作業をします。

眠る前に、「あの人のことは許せない。大嫌い」などと嫌悪感を抱いたまま眠りに落ちるのは嫌ですよね。もう一つの選択肢としては、「あの人は本当に良くなかったが、いろいろ考えてみたら状況や環境がそうさせていたのかもしれない」などと考え方を変えてみることです。あるいは、「もしかしたら、あれで大丈夫なのかもしれない。それほど悪くなかったかもしれない」などと、考え方を変えてみること。こうしたプロセスは、まさにファイルの名前を変えていくという作業なのです。

脳内処理能力の高い人であれば、こうした明晰化が自動的に起こります。しかし、そうではない場合には、それらを訓練して磨いていく必要があります。夢に対して影響を与えることができれば、ポジティブなものへの変容が可能となります。そうやって眠りにつくことができます。それが三番目のエクササイズです。

眠って、朝起きたらどうでしょうか。明晰な夢を持ったのか。いい眠りがあったのか。そこで夢を振り返るというのが四つ目のエクササイズとなります。

自己認知の重要性

成功すれば必ず喜びに満たされます。うまくいかなくても、もう一回頑張ろうと努力をします。今晩その明晰な夢を見たいという気持ちがあれば、必ずいつかは明晰な夢を見ることができます。明晰な夢を自分に招き入れる。それはまさに意思の機能です。この明晰な夢を得るためには四つのエクササイズがあると述べました。これを、起きているときに実践するのです。

少し考えてみましょう。一度、この明晰な夢を得たとします。自分自身にこれを変える力がある。コントロールすることができると信じている。夢から解放され、自由になるということです。すると、自分の世界に対してより明晰になることができます。そのためには自分自身で意識を持つことが必要なのです。

「これはできる」と自分自身で調整するために必要なのは自己認知です。「自分はあまりよくない」、「私はまだまだ十分ではない」と自分で言ったり、感じたりしてしまうと、それはすべてに影響を与えます。自分自身の経験にも影響し、世界観も変えます。世界に対しての対応も変え、世界との交渉も変えてしまいます。

「自分がよくない」と思ってしまうと、うしろ向きに進んでしまいます。他方、「自分には価値がある」と思えたならば、そこから前向きに世界と向き合っていきましょう。すると、世界との関係性が変わっていきます。そして人生が変わっていくはずです。

自己認知（気づき）は、夢に影響を与え、夢を変えることができるのです。夢を「明晰な夢」に変えることができるのです。

たとえば、スピードについて考えてみましょう。早くから遅く、遅くから早く。スピードを変える。質を変える。変容させる。それまでの自分とは異なる存在になる場合、人間として常に変容していくことになるわけですから、いまの自分とはまた違った自分になるということなのです。

もちろん、これらの実践をすべて行わなければならないというわけではなく、自分にとって必要不可欠なもの、そして、実行可能なことから行っていけばよいのです。

本章では、夢についてお話をしました。「睡眠」とは別の世界であり、「夢」というのは夢を見ている状態です。そして概念的な感情が伴ったものです。睡眠は、夢とは違います。すなわち、夢のない状態なのです。睡眠についても、夢についてもエクササイズがありますが、まったく別のものが用意されています。睡眠のヨガ（スリープヨガ）は、夢のヨガ（ドリームヨガ）と同じように非常に大事なものです。

心理学との相違

ユングやフロイトなどが行った「夢の分析」は、西洋ではとても盛んに行われていますが、これはボン教の「夢のヨガ」（ドリームヨガ）とはまったく異なる世界観です。西洋で考えられてきた夢分析と違う点としては、ボン教においては、夢を変える力を人間が持っていると主張する点です。夢というのは決して怖いものではありません。

一つの夢を分析するのに十五年という時間をかけた女性がおり、そのことに非常に誇りを感じていました。そのとき私は思ったのです。彼女は一つの夢に十五年もの時間をかけていたのだと。彼女は、いわゆる解放、自由になる前に、すべての夢を解析しなければいけないという思いにとらわれているようでした。

「夢のヨガ」を扱う際、心理学と決定的に違うなと感じることがあります。現実をこれは夢だというふうに扱っていくという観点、生活していながら「それは夢だ」、「これは夢だ」とみなしていくという方法は、心理学では採らないように思います。

西洋の心理学を突き詰めていくと、エゴを強めていくところに目的があるように感じます。西洋的な考えではエゴは強化していくものですが、ボン教ではエゴは解消していくものでありますから、その点は大きく異なります。エゴを強化するにせよ、解消するにせよ、エゴをどう扱っていくのかということは大きなトピックだと思います。

物質主義に陥らないこと

夢は道になるし、睡眠も道になります。一人一人の細部にわたっての経験そのものがすべて道になります。そして、それらの道は、いずれも自己実現につながります。自己実現や気づきなどをすべて包括したところにつながる道であるということです。

エクササイズについてはいろいろお話をさせていただきましたが、それは自由に完全に放たれるという道につながるためのエクササイズです。

しかし、エクササイズの動機次第では、物質主義に陥ってしまう可能性もありますので注意が必要です。夢を見てもっと何か物質主義的な部分で向上したい、改善したいと思いがちですが、それはエゴを増長させるだけのものになってしまいます。

ボン教における「夢のヨガ」の目的は、むしろその逆で、エゴから解き放たれることです。エゴを増長させるのではなく、エゴから解き放たれてフリーな状態になる。そのポイントを理解するようにしていただきたいのです。

［注］

1 「九つの呼吸法」については本書の第7章を参照。

2 LaBerge, Stephen (1980) *Lucid dreaming: An exploratory study of consciousness during sleep*, PhD thesis, Stanford University.

終章

弱者を生き抜くチベットの知恵

――ボン教に学ぶフレキシビリティとレジリエンス

熊谷誠慈

苦難は忘れたころにやってくる

二〇一九年に発生した新型コロナウイルス感染症は、翌二〇二〇年に世界中を混乱と恐怖に陥れた。本書の出版企画を進め始めたのは、二〇二〇年の一月であった。そのころは、武漢市など中国の一部で怖い病気が広まっているといった段階で、まだ、日本に住む私たちにとっては対岸の火事であった。

「インバウンド需要で日本の経済はさらによくなっていく」、そうした希望がまだ圧倒的な時期であった。そうした中、世の成功者たちが自らの成功談を書籍化し、本屋に並べてあるのを横目にしながら、弱者を視点にした本を出版しても、読んでくれる人は少ないのではないかと思っていた。

しかし、その直後に発生した新型コロナウイルス感染症は、世界中の強者や成功者たちを、弱者へと引きずり落としていった。誰もが憧れる有名な航空会社が次々に経営危機に陥り、オリンピックが延期され、戦争中でもなければ起こり得ないようなロックダウンと、まるで映画の中のような出来事が次々と起こっていった。新型コロナウイルスを目の前にして、世の強者はなすすべもなく、世界の権力の象徴であるアメリカ大統領やイギリス首相、フランス大統領すらも新型コロナウイルス感染症に罹患し世界を驚愕させた。

たかだかコロナウイルスひとつに人類は連戦連敗を繰り返していった。しかし、このコロナ危機からも学んだことは多くあった。たとえば、いかに強い人であっても、あっけなく弱者になってしまう可能性があるということを私たちは目の当たりにした。そして、自然の支配者だと思っていた人類が、実はそこまで強い存在ではなかったということも。人間の脆弱性を知っておくことは、むしろ、今後の人類の進歩、進化における大きな武器となるかもしれない。

以前にも、アメリカ大統領も含め、世界中がウイルスにやられてしまったことがある。それは、百年前に起こったいわゆる「スペイン風邪」(実際はインフルエンザ)だ。第一次世界大戦の好景気に沸くアメリカが、大戦に参加することを決めたころ、アメリカでは、新型のインフルエンザが大流行していた。アメリカ兵の参戦とともに、このインフルエンザはヨーロッパに上陸し、瞬く間に、ヨーロッパ全土に広まり、数千万人もの死者が出た。くしくも、猛威を振るった「スペイン風邪」は、戦場での兵士たちの戦意を下げ、第一次世界大戦の終結を早めたとも言われているが、大戦が終わっても流行は止まらなかった。

以後、百年の間に、科学と医療は目覚ましい進歩を遂げたが、今回も人類はひとつのウイルスにしてやられてしまった。ということは、また次の百年の間に、同じようなことが起こる可能性は高い。ウイルスだけでなく、世界経済危機や、大規模な自然災害などで、人類はいとも簡単に弱者に陥ってしまう可能性がある。

困難な現代社会を生き抜くために

こうした不安定で悲観的な世の中を、私たちは現実的にどう生きていくべきであろうか。当然、これまでの人類の歴史と同様に、さまざまな脅威を最先端の科学技術力や政治的な組織力を用いて抑えていく、封じ込めていくという発想が第一にくるであろう。これは「強者の論理」である。その一方で「弱者の論理」についても考えておく必要がある。すなわち「勝てない相手」とどう折り合いをつけながら生きていくかということである。

世には「成功者＝強者」として、強者になるためのノウハウ本は多く存在する。実際、弱者が強者にどう成り上がっていったかというサクセスストーリーを読むと、ワクワクするものだ。そうした物語は、成功して終わるのが一般的である（サクセスフル・エンド）。

とはいえ、成功者の多くがその後の人生後半で没落していくのも事実である。仮に社会的に没落しなかったとしても、やがては老いて、病気になり、そして最後には死を迎える。成功者であれ、強者であれ、誰もがいずれは身体的に弱者になっていくのである。ところが、現在の世の中では、いかに強者になるか、いかに弱者に陥らないか、弱者からどう脱するか、といったことばかりが議論され、弱者から脱却できない状態については「こうなったら大変だ」、「こうなりたくないでしょ」などと、おおむねネガティブに描かれ、弱者は黙殺されてしまう。

近年、ベーシックインカムの導入により、国民全員の最低限度の収入を保証するセーフティーネットを確立し、経済的弱者そのものをなくそうとする取り組みも模索されている。さまざまな社会保障システムの革命により、貧困をなくすことができれば大変理想的である。しかし、仮にそうしたセーフティーネットのシステムが確立され、最低限度の生活を保障できるようになったとしても、中間層や富裕層の中で、あるいは特定の集団内で、「勝ち組」「負け組」の二項対立的状況はこの先も残り続けるであろう。

だが、弱者のまま生き続けることは、はたして「負け組」なのだろうか。もし、そうであるならば、多くの人たちにとっては絶望しかなくなってしまう。他方で、弱者であり続けながらもポジティブに生きていくことができるならば、「負け組」とはならない。「勝ち組」「負け組」の呪縛から解放されるのであれば、どれだけ多くの人に安心を与えられるだろうか。

とはいえ、そもそも、弱者のままポジティブに生きられる方法などあるのだろうか。もし、そのような方法があるならば、それは一体何なのか。このような「一見矛盾する都合のよい方法」を模索していたところ、ボン教というヒマラヤのマイノリティ宗教に辿りついた。

弱者を生き抜くチベットの知恵

本書の序章でも述べたように、ボン教の特徴についていろいろ考えてみたが、当初は残念なことに、強みどころか「弱み」しか見つからなかった。

・世界的に認知度が低い。
・千二百年ものあいだ、宗教マイノリティであり、差別的な扱いを受け続けてきた。
・国教の地位を奪ったチベット仏教に対して論争などで対抗しようとしなかった。
・仏教教義を多く取り込んだことで仏教との区別がつきにくくなった。

しかし、「ボン教の弱みだと思っていた点は、実は強みともなりうるのではないのか」という一見矛盾した考えをもとにボン教の特徴を捉え直してみると、ボン教が、千二百年もの危機的状況の中、弱者として堂々と生き抜く術を磨いてきたということがわかった。

・宗教少数派であり、認知度が低くとも、卑屈さがない。
・千二百年前に国教としての地位を仏教に奪われて以降、宗教少数派として差別的な扱いを受けてきたのに、多数派である仏教徒と喧嘩をしなかった。
・インドやチベットの最先端の仏教の情報を、自らの教義に取り込み、教義や修行法の質を高めていった。

これらのボン教の「弱者として生き抜く術」は、現代社会においても生かすことができるのではないだろうか。そこで、本書では、ボン教というチベットの宗教マイノリティについて多角的に理解を深めること、そのうえで、困難な社会を弱者としてポジティブに生き抜くためのヒントをボン教から学びとることを目的とした。以下に、各章の内容をもとに、ボン教のもつフレキシビリティ（柔軟性）とレジリエンス（弾力性）について考察を施してみたい。

①ボン教の歴史

第1章で概観したように、ボン教は、土着の精神性を基盤として、仏教教義を取り込みながら教義を整備し、教団組織を編成していった。ボン教はしばしば迫害を受けながらも、柔軟な対応をしながら難局を乗り切ってきたことがわかる。

たとえば、八世紀に活躍したテンバナムカは、仏教が国教化されたころの激しい弾圧からボン教を守るために、仏教に改宗までして、仏教内部からボン教を救った聖者だとして、ボン教徒たちから強く尊敬されている。彼以外にも仏教寺院で研鑽を積んだボン教徒たちは数多くいるが、彼らは「方法こそ違えど、ボン教と仏教とは本質的に相違はない」という立場をとる。ゆえに、仏教側から弾圧を受けても、ボン教側から仏教側に対して宗教的に対立をすることはなかった。

彼らは、教主シェンラプミボの教えを奉ずるというボン教徒としてのアイデンティティはしっかりと持つが、本山が末寺を統制するという形はとらず、地方のボン教徒たちはそれぞれ独自の伝統を有してきた。本山末寺制度という体系的な組織力を持たないがゆえに、教団総体として大きなプレゼンスを発揮することはないが、しかし、中央の本山が倒れても、地方の寺院に影響はない。中央集権的な力を過信せずに地方分権型の体制を持っていたからこそ、千二百年もの長きにわたって、マイノリティとして生き残り続けることができたのではなかろうか。

②ボン教の文化

第2章で扱ったボン教の文化と地域社会においても、興味深い視点が多数確認できる。

ボン教は宗教マイノリティとして、殺生や血を使った儀礼を実践する、野蛮で洗練されていない宗教だと見做されてきた。しかし、一九五〇年代にチベット人が国外に脱出、拡散したことで、ボン教徒が西洋人や外国人と接する中で、ボン教が国際的に認知されるようになった。それに伴い、ボン教は「仏教（多数派）vsボン教（少数派）」という関係性から解放され、「非チベットvsチベット（仏教＋ボン教）」という関係性の中で、これまでとは異なる視点から、ボン教自身の位置づけを行うことができるようになった。

その際、ボン教徒たちは、ボン教の歴史が仏教よりも古いという点で誇りを持てるようになった。また、一九七八年にチベット亡命政府から伝統宗派の一つと見做されて以降、「チベットの基層文化」としての地位を得られるようになってきた。すなわち、「マイノリティ」から「チベットの基層文化」へと地位が変化していったのである。

ボン教が地位を回復できた理由としては、その前の一九五〇年代〜一九七〇年代にかけて、すなわち文化大革命の時期にチベット本土で宗教活動全体が壊滅的打撃を受けたということが影響しているかもしれない。すなわち、チベット仏教の危機的状況が、ボン教との提携という可能性を開く一因ともなったとも考えられる。

アムド出身のツォンカパを祖とするゲルク派仏教は、東チベットに大きな影響を及ぼした。かつてボン教の中心地として知られたギャロンでは、多くのボン教僧院がゲルク派の僧院に姿を変えた。しかし、チベット高原の東端部に位置するシャルコク（四川省アバ州松潘県周辺）は、辺境地域ゆえ、清朝および中央チベット政府の双方から直接的影響も受けておらず、ゲルク派への改宗も進まなかった可能性が高い。すなわち、その周縁性のゆえに、生き残ることができたというわけである。

シャルコク地域は、文化大革命を生き抜いてボン教を保持した。文化大革命中にも、中国政府と闘わず、僧院長アク・ドゥランパを連れ帰って、以後宗教的活動をさせないことを約束することで僧院長を守った。経典類は地中に埋めて隠した。アグレッシブに闘わずして生き残る道を切り開いた。

シャルコク地域がボン教地域として生き続けることができたのは、以下の三つの理由からであろう。

i　周縁的・辺境であるという地理的制約のおかげで長きにわたって伝統が守られた。

ii　文革という危機においてすら、相手と闘わずに、カモフラージュさえ行いながら、ラマと経典を隠し、耐え凌いだ。

iii　中国の経済成長もうまく利用しながら回復をした。

一番目は地理的なハンディがポジティブに働いたことになる。二番目は、フレキシビリティといえよう。三番目は、時流とうまく適合したレジリエンスといえる。昨日の敵は今日の友ではないが、過去に固執しないことで、ボン教徒たちは地位と自由を回復できたといえよう。

③古代の儀礼

第3章で検討したチベットの古代の儀礼の中では、動物が用いられていたことがわかった。それらの動物の種類を見て、儀礼を行っていた地域を地理的に特定すると、おそらくチベット高原の東端と南端であったことがわかる。すなわち、チベット高原よりも標高の少し低い場所である。また、レウなどの儀礼の家系について考察すると、チベット高原の東部のほうがルーツだと推定できる。

すなわち、チベットの伝統といったときに、それは必ずしも中央チベットだけではないということがわかる。中央チベットで作られた一つの儀礼の伝統が、チベット全土で行われていたということではなく、いくつかの古い儀礼の伝統が、チベット高原の辺境に点在してきたということは非常に興味深い。すなわち、辺境に存在していた儀礼が、今に至るまで、多くの人々の心を癒してきたということなのである。辺境にこそ、真実（の一部）が残されているのである。それが辺境の強みであろう。

辺境ゆえに難を逃れたシャルコク同様、中央ばかりを見るのではなく、時に辺境に目を向けてみることが大切であろう。

④ボン教の思想

第4章で指摘したように、ボン教の思想の展開の中に、フレキシビリティを見出すことができる。七世紀のチベットへの仏教伝来以降、複雑な哲学思想を持たなかったボン教は、洗練された哲学、修道論の体系を持つ仏教に押され気味になっていった。さらに、八世紀末に仏教がチベットの国教に認定されると、ボン教は政治的にも苦境に立たされていった。

八世紀に国教としての地位を仏教に奪われてしまったボン教側は、仏教側に対して敵対心を持ち、争うといった方法もありえたであろう。しかし、ボン教は、仏教側と争う道よりも、仏教の長所を取り入れて、自らの教義を洗練化するという方法を採った。十一世紀以降、仏教ルネサンス期に、ボン教も宗教的な力を取り戻していった。その際に、ボン教は、仏教と同様の大蔵経を編纂し、新たにサンスクリット語からチベット語に翻訳されたインド仏教文献についても、最先端の情報を入手していた。このように、ボン教側は常に、インド最先端の仏教の到来に敏感であった。

第4章で検討してきたいずれの事例にも、宗教として生き延びるためには、ライバル宗教側からも積極的に学び、変革を行っていくという、ボン教のフレキシビリティと思想のレジリエンスが見いだされる。以後、ボン教は、仏教全体を脅かすほどまでは勢力を取り戻すことはできなかったものの、チベット仏教の一宗派程度の影響力を取り戻すことには成功した。

無用な争いを避け、相手に学びつつも、独自性にこだわるという姿勢が、結果的に、ボン教の哲学の発展と宗教的権威の回復とにつながったのではなかろうか。すなわち、アイデンティティはしっかり保ちながらも、流れに逆らわず身を任せるという姿勢である。

⑤ボン教教義における密教の位置づけ

ボン教における密教の区分は、時代に適応するかたちで時代とともに変化してきた。三つの宝蔵の特徴を挙げると以下のようになる。

- 南宝蔵の九乗：社会で行われていた九乗
- 北宝蔵の九乗：洞窟の中で行われていた九乗
- 中宝蔵の九乗：僧院の中で行われていた九乗

すなわち、僧院の中で集団で修行をする出家修行者たち、洞窟の中で一人で瞑想修行をする瞑想家たち、さらには、世俗社会において日常生活を行う在家者たちのために、ボン教の教えは説かれている。それらの教えに優劣の差は存在しない。ボン教の特質の一つは、一部のエリートだけが優遇される宗教とは異なり、弱者にも強者と同等の権利が与えられているということであろう。すなわち、ボン教は、強者は強者のまま、そして、弱者が弱者のままこの世を生き抜くための知恵ともいえるのである。

能力の優劣を一方的に決めつけるのではなく、各自の資質や能力を個性ととらえ、平等に実践の機会を与える点は、ボン教の大きな特徴の一つである。

⑥ボン教のゾクチェン瞑想：ボン教瞑想のテクニック

第6章は、ボン教の修行者となった日本人の体験談である。日本の学校や社会になじめなかった著者、箱寺氏にとって、チベット仏教は憧れの世界であり、最後の頼みの綱であった。しかし、チベット仏教の修行を志しながら、ネパールの地でボン教に出会った箱寺氏は、チベット仏教ではなくボン教に入門することになった。

チベット仏教のお寺には西洋人や日本人の修行者がたくさんいたが、ボン教寺院には日本人どころか外国人は一人もいなかった。同氏は、その意味で「究極的なはみ出し者」ともいえる。日本でもコミュニティに入れず、各国になじめない人の集まるネパールでもコミュニティに入れなかった。しかし、それは世俗のコミュニティに属さない「隠遁修行者」的な印象を持たせる。

ボン教を志しながら、ボン教を信じ切れず、時にチベット仏教に流れてはボン教に戻る。このような姿勢の行者であっても、ボン教徒たちは見捨てず、箱寺氏の「弱さ」を排除しない。そうした寛容さが、同氏の十年にわたる修行を継続させ、同氏のボン教に対する不安や疑いを少しずつ解消していった。その後、同氏は日本人初のボン教インストラクターとなった。

箱寺氏によれば、ボン教では、顕教の哲学や密教の修行を行えない人でも、ゾクチェンを修行することができるとのことである。自らの弱さを認め、あるがままの心を認めたときに、ゾクチェンの知が得られる。ある意味、ボン教のゾクチェンは「弱者のための道」とも言え、そこにはチベット仏教的なエリート臭が一切感じられない。

しかし、不思議なことに、ゾクチェンを修行している箱寺氏の言説の節々から、顕教的な発言や、密教的な発言がしばしば出てくる。ゾクチェンの研鑽を通じて、自然に顕教や密教の教えも身についているように感じられる。

⑦ボン教の九つの呼吸法／⑧ボン教のドリームヨガ（睡眠中に行う瞑想）

ボン教の九つの呼吸法は、外部から新鮮な空気を吸いながら、脈管に清浄な気を流し、執着・怒り・無知という三毒を流し出すという非常にシンプルな呼吸法である。ボン教徒でなくとも実践可能な呼吸法であり、また、わずか一～二分で完了できるため、多少面倒くさがりな人間でも無理なく行うことができる。

また、ドリームヨガは、ボン教徒でなくても実践できる夢の制御法にしたところにフレキシビリティが見いだせる。就寝前と起床後にわずかな時間で完了できるうえ、実際に心身が健康になるという意味で、精神面が弱く、面倒くさがりな人でも実行可能な実践法である。夢を通じた心のレジリエンスの向上ともいえよう。

まとめ――ボン教から学ぶフレキシビリティとレジリエンス

以上、さまざまな危機において弱者として生き抜くためのアイデアがないか、ボン教の諸側面を考察してみた。

・自分の心をしっかりと見ること。
・自分の弱さをしっかりと見つめること。
・自分の弱さを否定せず認めること。
・弱い自分のまま生きていける術があること、それを見つけること。

困難と対決し、それを克服して打ち勝つという道は、とても魅力的である。ボン教徒たちも、決してそのような生き方を否定するわけではない。しかし、その困難が圧倒的に大きく、打ち勝つことができないとき、私たちは弱者として生きていかなければならなくなる。その際、ボン教の教えは、ボン教信者以外が実践しても拒否はされず、むしろボン教徒たちにも歓迎される。その教えとは、自らの弱さをありのままに認め、虚勢を張らずに自然に過ごせる生き方である。

にっちもさっちもいかなくなり、誰も、何も頼ることができなくなったときに、ふとボン教の教えを思い出してみてはいかがであろうか。宗教や人種の相違を問わず、ボン教はきっと優しく歓迎してくれることであろう。

謝辞

本書出版に際して、多くの方々のお世話になったことを記して御礼申し上げます。学生時代の指導教官である御牧克己先生、パリ留学時代に手ほどきをしてくださったサムテン・カルメイ先生には、ボン教の思想研究を一からご指導いただきました。長野泰彦先生は、カルメイ先生とともに、拙著 *The Two Truths in Bon* (Kathmandu: Vajra Publication, 2011) の出版実現のために尽力してくださいました。ボン教学僧のタンソン・ナムゲル師やチューコルツァン・ニマ・オーセル師は、二〇〇八年に出会って以来の親友で、ボン教に関する質問に何でも答えてくれました。

公益財団法人上廣倫理財団様は、編者の基礎研究を長年にわたり根気強く見守ってサポートしてくださいました。世の脚光を浴びにくい基礎研究を編者が続けてこられたのも、同財団のご支援のおかげです。そして京都大学こころの未来研究センターの教職員の皆様方は、心理学以外の研究にもご理解とご支援をくださいました。これらの方々のおかげで、ボン教の基礎研究を続けることができたことに心より感謝申し上げます。

また、ボン教というシェアの少ない宗教の本の刊行を引き受けていただいた創元社の矢部敬一社長、本書の企画を実現してくださり、ご退職間際に印刷原稿を完成してくださった渡辺明美前取締役編集局長、渡辺様の後を引き継いでくださった宮﨑友見子様、編者の無茶を聞いて大変魅力的なブックカバーをデザインしてくださったブックデザイナーの上野かおる様、本書の出版のためにご尽力くださった創元社の社員の皆様方に心より御礼申し上げます。編集工房レイヴンの原章様は、日本人のほとんど誰もが知らないボン教の本を、万人向けに商業出版したいという、編者の無茶な願いにつき合ってくださいました。原様と議論を続ける中で、ボン教には「様々な困難のなか弱者としてポジティブに生き抜いていくための智慧」があり、その智慧は宗教や国籍に関係なく、誰もが日常生活や人生に役立てられるだろうという新たな発見をすることができました。

紙面の都合ですべての方のお名前は挙げられませんが、国内外の多くの方々のご助力のおかげで、本書の出版を実現することができました。これまでお世話になった方々に、この場をお借りして改めて深く御礼申し上げます。

二〇二一年十一月二十日

熊谷誠慈

主要参考文献

序章

Karmay, Samten G. (1983) “Un témoignage sur le bon face au bouddhisme à l’époque des rois tibétains”. In *Contributions on Tibetan and Buddhist Religion and Philosophy*, eds. Ernst Steinkellner and Helmut Tauscher, Proceedings of the Csoma de Körös Symposium held at Velm-Vienna, Austria, 13-19 September 1981. 2 vols., vol. 2, pp. 89-116. (Repr. Eng. “Early Evidence for the Existence of Bon as a Religion in the Royal Period”, In *Arrow and the Spindle, Studies in History, Myths, Rituals and Beliefs in Tibet*, Kathmandu: Mandala Book Point, pp. 157-168.)

Macdonald, Ariane (1971) “Une lecture des Pelliot Tibétain 1286, 1287, 1038, 1047, et 1290: Essai sur la formation et l’emploi des mythes politiques dans la religion royale de Sroṅ-bcan sgam-po”. In *Études tibétaines dédiées à la mémoire de Marcelle Lalou*, ed. Marcelle Lalou. Paris: Librairie d’Amérique et d’Orient, pp. 190-391.

御牧克己（二〇一四）『西蔵仏教宗義研究第一〇巻　トゥカン『一切宗義』「ボン教の章」』東洋文庫。

長野泰彦編（二〇〇九）『チベット　ポン教の神がみ』千里文化財団。

第1章

・チベット語一次資料

『ダクパリンタク』*g.Yung drung bon gyi sgra bsgrags rin po che gling grags*. IN *Bon gyi lo rgyus yig cha phyogs sgrig*（苯教史料彙編）. Bod ljongs bod yig dpe rnying dpe skrun khang（西蔵蔵文古籍出版社）, 2010, pp. 123-189.

『ボン教源流明灯』sPa bsTan rgyas bzang po (15C), *bsTan pa'i rnam bshad dar rgyas gsal ba'i sgron me*.（本教源流宏揚明灯）, Krung go'i bod kyi shes rig dpe skrun khang（中国蔵学出版社）, 1991.

『シェンチェン・ルガ伝・南宝蔵ボン史』Khyung po Blo gros rgyal mtshan (14-15C), *gShen chen klu dga'i rnam thar lho gter bon kyi lo rgyus*. IN Bonpo Katen Texts. vol. 203, pp. 671-701.

『尊者の伝記』gShen ston Nam mkha' rgyal mtshan (12-13C), *rJe btsun yi rnam thar.* IN *Bon kyi dpe dkon phyogs bsgrigs*. n.p., n.d., pp. 1-3.

『ボン門明示』Tre ston rGyal mtshan dpal (14C), *Bon sgo gsal byed* (*Clarification of the Gates of Bon*) *: a Fourteenth Century Bon po Doxographical Treatise*. Critically edited by Katsumi Mimaki and Samten Karmay, Graduate School of Letters, Kyoto University, 2007.

『インリクゾーへの疑念払拭・闇中灯明』Shar rdza bKra shis rgyal mtshan (1859-1934), *dByings rig rin po che'i mdzod kyi dogs sel mun gsal sgron ma*. IN *Kun mkhyen shar rdza pa bkra shis rgyal mtshan gyi gsung 'bum*（夏咱・扎西堅賛全集）. vol.12, Si khron mi rigs dpe skrun khang（四川民族出版社）, 2011.

『み言葉の海』Shar rdza bKra shis rgyal mtshan (1859-1934), *sNgan 'gro'i khrid yig bka' lung rgya mtsho*（本教知識宝典）. Si khron mi rigs dpe skrun khang（四川民族出版社）, 2000.

『真実の説・春の使者の妙音』Ma hā paṇḍi ta rje btsun Tshul khrims bstan pa'i rgyal mtshan (1888-1932), *gZhan gyis dris pa'i lan bden gtam dpyid kyi pho nya'i dbyangs snyan*. IN *Ma hā paṇḍi ta rje btsun tshul khrims bstan pa'i rgyal mtshan gyi gsung 'bum*（沢爾青日堅賛文集）. vol. 3, Si khron mi rigs dpe skrun khang（四川民族出版社）, 2012, pp. 425-442.

『ボン流儀の教導本の内容をとりまとめた菩提道次第の指南』Ma hā paṇḍi ta rje btsun Tshul khrims bstan pa'i rgyal mtshan (1888-1932), *Bon rang lugs kyi khrid gzhung du ma las btus pa'i byang chub lam gyi rim pa'i dmigs khrid gshen bstan gsal ba'i sgron me*. IN *Ma hā paṇḍi ta rje btsun tshul khrims bstan pa'i rgyal mtshan gyi gsung 'bum*（沢爾青旦堅贊文集）. vol. 2, Si khron mi rigs dpe skrun khang（四川民族出版社）, 2012, pp. 1-222.

『ウォンギャ・ヨンドンプンツォク自伝』Bon brgya g.Yung drung phun tshogs (1874-1934), *sNgags btsun g.yung drung phun tshogs mkhas grub 'jigs med kyi lo re bzhin rnam dkar dge ba bsgrub tshul gyi lo rgyus rjes mjug thar lam bgrod pa'i them skas*. wood blockprint, 192 fols.

『バシェー』bDe skyi ed., *rBa bzhed phyogs bsgrigs*(《巴協》彙編). Mi rigs dpe skrun khang（民族出版社）, 2009.

『五部遺教』*bKa' thang sde lnga*（五部遺教）, Mi rigs dpe skrun khang（民族出版社）, 1986.

『仏教史大宝蔵論』Bu ston Rin chen grub (1290-1364), *Bu ston chos 'byung gsung rab rin po che'i mdzod*（布頓仏教史）. Krung go'i bod kyi shes rig dpe skrun khang（中国蔵学出版社）, 1988.

『ニャンレル仏教史』Nyang ral Nyi ma 'od zer (1124-1192?), *Chos 'byung me tog snying po sbrang rtsi'i bcud*（娘氏宗教源流）. Bod ljongs mi dmangs dpe skrun khang（西藏人民出版社）, 1988.

『西蔵王臣記』Dalai Lama V Ngag dbang blo bzang rgya mtsho (1817-1682), *Bod kyi deb ther dpyid kyi rgyal mo'i glu dbyangs*（西蔵王臣記）. Mi rigs dpe skrun khang（民族出版社）, 1980.

・二次資料

Bon gyi shes rig tshig mdzod rtsom sgrig tshogs chung ed. (2012) *Bon gyi shes rig tshig mdzod*（苯教文化大詞典）. Bod ljongs mi dmangs dpe skrun khang（西蔵人民出版社）.

Bon brgya dGe legs lhun grub rgya mtsho (2018) "Bon rang lugs kyi khrid gzhung du ma las btus pa'i byang chub lam gyi rim pa'i dmigs khrid gshen bstan gsal ba'i sgron me'i 'chad khrid", IN *Bon brgya dGe legs lhun grub rgya mtsho dpal bzang po'i gsung 'bum*, vol. 7（旺加・格勒隆智嘉措文集　第7巻）. mTsho sngon mi rigs dpe skrun khang（青海民族出版社）, pp. 156-608.

津曲真一（二〇〇九a）「聖伝の素描：ポン教の聖者シェンラプ・ミボの降臨から子息の誕生まで」『国立民族学博物館研究報告』三三（四）、六六一－七三九頁。

津曲真一（二〇〇九b）「聖伝の素描：ポン教の聖者シェンラプ・ミボの布教から入滅まで」『国立民族学博物館研究報告』三四（二）、二七一－四四九頁。

御牧克己（二〇一四）『西蔵仏教宗義研究第一〇巻　トゥカン『一切宗義』「ボン教の章」』東洋文庫。

才讓太、頓珠拉傑（二〇一二）『苯教史綱要』（蔵伝仏教与社会主義社会相適応研究叢書六）中国蔵学出版社。

Achard, Jean-luc (2008) *Enlightened Rainbows: the Life and Works of Shardza Tashi Gyeltsen*. (Brill's Tibetan Studies Library, vol.18), Leiden: Brill.

Karmay, Samten G. (2005) *Feast of the Morning Light: the Eighteenth Century Wood-Engravings of Shenrab's Life-Stories and the Bon Canon from Gyalrong*. (Senri Ethnological Reports 57, Bon Studies 9), Osaka: National Museum of Ethnology.

Karmay, Samten G. (2007) "A Historical Overview of the Bon Religion", IN Samten G. Karmay & Jeff Watt eds., *Bon, the Magic Word: the Indigenous Religion of Tibet*. New York: Rubin Museum of Art ; London: Philip Wilson Publishers, pp. 52-81.

Karmay, Samten G. & Nagano, Yasuhiko eds. (2003) *A Survey of Bonpo Monasteries and Temples in Tibet and the Himalaya*. (Senri Ethnological Reports 38, Bon Studies 7), Osaka: National Museum of Ethnology.

Martin, Dan (2001) *Unearthing Bon Treasures: Life and Contested Legacy of a Tibetan Scripture Revealer, with a General*

Bibliography of Bon. (Brill's Tibetan Studies Library, vol.1), Leiden: Brill.
Martin, Dan & Kvaerne, Per & Nagano, Yasuhiko eds. (2003) *A Catalogue of the Bon Kanjur.* (Senri Ethnological Reports 40, Bon Studies 8), Osaka: National Museum of Ethnology.

第2章

ドローヌ(一九八二)『シナ奥地を行く』矢島文夫・石沢良昭訳、白水社。

池田巧・岩尾一史編(二〇二二)『チベットの歴史と社会(上・下)』臨川書店。

川田進(二〇一五)『東チベットの宗教空間——中国共産党の宗教政策と社会変容』北海道大学出版会。

小西賢吾(二〇二〇)「ローカル/グローバルをこえるつながりのダイナミズム——チベットのボン教徒を事例に」山田孝子編『人のつながりと世界の行方——コロナ後の縁を考える』八一-九四頁、英明企画出版。

小西賢吾(二〇一九)「宗教復興とグローバル化を経た「辺境」のいま——四川省松潘県のボン教徒をめぐるネットワークの変容」『中国21』四九、一二一-一三二頁。

小西賢吾(二〇一七)「チベット族とボン教のフィールドワーク——縁をたぐり寄せ、できることをすること」西澤治彦・河合洋尚編『フィールドワーク　中国という現場、人類学という実践』一三七-一五三頁、風響社。

小西賢吾(二〇一五)『四川チベットの宗教と地域社会——宗教復興後を生きぬくボン教徒の人類学的研究』風響社。

Kvaerne, Per (2000) "The study of Bon in the west: Past, present and future", *New Horizons in Bon Studies* (Senri Ethnological Reports 15, Bon Studies 2), Samten G. Karmay and Nagano Yasuhiko eds. Osaka: National Museum of Ethnology, pp. 7-20.

Nagano Yasuhiko and Samten Karmay eds. (2003) *A Survey of Bonpo Monasteries and Temples in Tibet and the Himalaya:*

(Senri Ethnological Reports 38, Bon Studies 7). Osaka: National Museum of Ethnology.
Schrempf, Mona (2000) "Victory banners, social prestige and religious identity: Ritualized sponsorship and the revival of Bon monasticism in Amdo Shar-khog", *New Horizons in Bon Studies* (Senri Ethnological Reports 15, Bon Studies 2), Samten. G. Karmay and Nagano Yasuhiko eds. Osaka: National Museum of Ethnology, pp. 317-347.

第4章

Arguillère, Stephane (2006) "mNyam med Shes rab rgyal mtshan et la scolastique bon au tournant du XIVe et du XVe siècles : présentation de la Prodigieuse lampe des terres et des voies", *Acta Orientalia,* 67, 243-323.
Macdonald, Ariane (1971)"Une lecture des Pelliot Tibétain 1286, 1287, 1038, 1047, et 1290: Essai sur la formation et l'emploi des mythes politiques dans la religion royale de Sroṅ-bcan sgam-po". In *Études tibétaines dédiées à la mémoire de Marcelle Lalou*, Marcelle Lalou ed. Paris: Librairie d'Amérique et d'Orient: pp. 190-391.
Karmay, Samten G. (1972) *The Treasury of Good Sayings: A Tibetan History of Bon*, Delhi: Motilal Banarsidass.
Karmay, Samten G. (1983) "Un témoignage sur le bon face au bouddhisme à l'époque des rois tibétains". In *Contributions on Tibetan and Buddhist Religion and Philosophy*, eds. Ernst Steinkellner and Helmut Tauscher, Proceedings of the Csoma de Körös Symposium held at Velm-Vienna, Austria, 13-19 September 1981. 2 vols., vol. 2: pp. 89-116. (Repr. Eng. "Early Evidence for the Existence of Bon as a Religion in the Royal Period", in *Arrow and the Spindle, Studies in History, Myths, Rituals and Beliefs in Tibet*, Kathmandu: Mandala Book Point, pp. 157-168.)
Martin, Dan (2000) "Comparing Treasuries: Mental States and Other mDzod phug Lists and Passages with Parallels in Abhidharma Works by Vasubandhu and Asaṅga, or in Prajñâpâramitâ Sûtras: A Progress Report", *New Horizons in*

Bon Studies, (Senri Ethnological Reports 15, Bon Studies 2). Samten G. Karmay and Nagano Yasuhiko eds. Osaka: National Museum of Ethnology, pp. 21-88.

御牧克己（二〇一四）『西蔵仏教宗義研究第一〇巻　トゥカン『一切宗義』「ボン教の章」』東洋文庫。

Kumagai Seiji (2008) "Two Truths" (*satyadvaya*) in the *dBu ma bden gnyis* (*Satyadvayavibhaṅga*) of the Bon Religion", *Journal of Indian and Buddhist Studies* 56-3, 1164-1167.

Kumagai Seiji (2011) *The Two Truths in Bon*. Kathmandu: Vajra Publications.

Kumagai Seiji (2016) "Bonpo Abhidharma Theory of Five Aggregates". *Journal of Indian and Buddhist Studies* 64-3, 1192-1199.

Kumagai Seiji (2017) "The Bonpo Abhidharma Theory of Perception (*Saṃjñā*)". *Journal of Indian and Buddhist Studies* 65-3, 1185-1192.

Kumagai Seiji (2018) "Bonpo Abhidharma Theory of Material (rūpa)". *Memoire of the Research Department of the Toyo Bunko* 76, 101-137.

Mimaki Katsumi and Samten Karmay (2007) *Bon sgo gsal byed* (*Clarification of the Gates of Bon*)*: A Fourteenth Century Bon po Doxographical Treatise*. Kyoto: Graduate School of Letters, Kyoto University.

三宅伸一郎（二〇〇二）「シェーラプ・ギェンツェンの伝記『昔の教え』について」『大谷學報』第八一巻第四号、一－一五頁。

第6章

John Myrdhin Reynolds, *Bonpo Dzogchen Teachings : According to Lopon Tenzin Namdak*, Vajra Bookshop, December 1, 2007（日本語版出版予定）。

関連書籍

箱寺孝彦『ゾクチェン瞑想修行記――チベット虹の身体を悟るひみつの体験』(二〇一八/電子書籍は二〇一五)デザインエッグ社。

箱寺孝彦『ゾクチェン瞑想マニュアル』(二〇一九)ナチュラルスピリット。

ヨンジン・テンジン・ナムダク・リンポチェ、箱寺孝彦訳『光明の入口――カルマを浄化する古代チベットの9瞑想』(二〇一八/電子書籍は二〇一六)デザインエッグ社。

ヨンジン・テンジン・ナムタク・リンポチェ、箱寺孝彦訳『虹の身体の成就者たち―ボン教のゾクチェン「体験の伝授」の系譜と教え』(二〇二二)ナチュラルスピリット。

関連情報

箱寺先生のちいさな瞑想教室 (https://bonjapan.jimdofree.com/)

ゾクチェンYouTube (https://www.youtube.com/c/ゾクチェン)

ゾクチェンのブログ(https://bondzogchen.hatenablog.com/)

関連略年表

西暦	ボン教の出来事	チベット仏教の出来事など
紀元前一七〜一〇世紀（諸説あり）	シェンラプミボ誕生。	
紀元前七世紀後半（ボン教の説）	ディクムツェンポ王による迫害。経典が埋蔵される。	
紀元前四六三		釈迦牟尼誕生（諸説あり）。
七六一		ティソンデツェン王による仏教国教化宣言。
七八五	ティソンデツェン王による迫害。テンバナムカ自ら断髪し仏教僧として出家する。再び経典が埋蔵される。	
八世紀末		インド仏教中観派が中国禅との間の論争に勝利し、正統な教えと認定される。
八四二		ランタルマ王の暗殺。吐蕃王国の崩壊。
一〇―一一世紀	シェンラプミボの伝記経典として『ドドゥー（経集）』が、次いで『ゼルミク』が成立。	
一〇一七	シェンチェン・ルガによる埋蔵経典（テルマ）の発見。	
一〇三六	ドゥチェン・ナムカユンドゥン、シェンチェン・ルガより伝授された『蔵窟』に対する註釈を著す。	
一〇四二		アティシャ（九八二―一〇五四）、西チベットに来訪。
一〇七二	ドゥジェ・ユンドゥンラマ、教義学の中心道場イェンサカ寺を建立。	

一一一八	「五部論書」を著し教義学の発展に大きな貢献を果たしたメトン・シェーラプオーセル誕生。	
一二七〇		パクパ（一二三五―八〇）フビライに信任され「帝師」の称号を与えられる。
一三八六	イェンサカ寺崩壊。口伝で伝承された『ケルサン経』が文字に書き表される。	
一四〇五	ニャンメー・シェーラプギェルツェン（一三五六―一四一五）、メンリ寺（僧院）を建立。	
一六〇七		ツォンカパ（一三五七―一四一九）、ガンデン寺を建立。
一六四二		ダライ・ラマ五世（一六一七―八二）を長とするガンデンポタン政権成立。
一七七四	ギャロンでカンギュルの木版が完成。	
一七七八	ギャロンの王家が清朝に敗北し、ユンドゥンラテン寺がゲルク派に改宗させられる。	
一八三五	ダワギェルツェン（一七九六―一八六二）、ユンドゥンリン寺（僧院）を建立。	
一九二六	シャルザワ（一八五九―一九三四）全集（一九二四）の内容に矛盾なしとの回答がメンリ寺僧院長によりなされる。	
一九四九		中華人民共和国成立。
一九六六―七六		文化大革命。
一九七八	チベット亡命政府がボン教を伝統宗派の一つと認める。	

【さ行・た行】

【な行・は行・ま行・や行・ら行】

【な行・は行】

【ま行・や行・ら行・わ行】

地名・国名・寺院名・施設名など

【あ行・か行】

人名

【あ行・か行】

【さ行】

【た行】

【た行・な行・は行】

【ま行・ら行】

文献・経典など

【た行】

【な行・は行】

索　引

歴史・文化・思想・一般用語

著者略歴

● 熊谷誠慈（くまがい・せいじ）　＊編者

1980年、広島県生まれ。京都大学こころの未来研究センター准教授（上廣倫理財団寄付研究部門長）。京都大学大学院文学研究科博士課程修了。博士（文学）。専門は仏教学・チベット学・ブータン学・ボン教研究。著書に*The Two Truths in Bon*, Vajra Publication, 2011、共著に『ブータン』（創元社、2017年）など。

● 三宅 伸一郎（みやけ・しんいちろう）

1967年、岡山県生まれ。大谷大学教員。大谷大学大学院文学研究科博士課程満期退学。専門はチベット学、特にボン教史。著書に「ボン教の美術」森雅秀編『アジア仏教美術論集――中央アジアII（チベット）』（中央公論美術出版、2018年）、「『仏』の教えとしてのボン教」岩尾一史・池田巧編『チベットの歴史と社会　上　歴史篇・宗教篇』（臨川書店、2021年）など。

● 小西賢吾（こにし・けんご）

1980年、兵庫県生まれ。金沢星稜大学人文学部准教授。京都大学大学院人間・環境学研究科博士後期課程研究指導認定退学。博士（人間・環境学）。専門は文化人類学。著書に『四川チベットの宗教と地域社会』（風響社、2015年）、「僧院と宗教儀礼」岩尾一史・池田巧編『チベットの歴史と社会　下　社会篇・言語篇』（臨川書店、2021年）など。

● チューコルツァン・ニマ・オーセル

(Nima Hojer Choekhortshang)

1976年、ネパールのドルポ生まれ。2008年、ボン教博士（ゲシェー）学位を取得。2017年、プラハ・カレル大学博士課程修了。論文に"The Ya-ngal family of Tibetan Royal priests in Dolpo, Part II", In *Mongolo-Tibetica Pragensia* '12, Vol. 5, No. 2, ed., Vacek, Oberfalzerova, Pragueなど。

● 箱寺孝彦（はこでら・たかひこ）

1969年、神奈川県生まれ。箱寺先生のちいさな瞑想教室主宰。中央大学文学部卒業。ボン教のゾクチェン瞑想の伝授と、経典や関連文献の翻訳を行っている。著書に『ゾクチェン瞑想修行記』（デザインエッグ社、2018年）、『ゾクチェン瞑想マニュアル』（ナチュラルスピリット、2019年）、訳書に『智恵のエッセンス』（春秋社、2007年）、『虹の身体の成就者たち』（ナチュラルスピリット、2021年）など。

● ダニエル・ベロンスキー

(Daniel Berounský)

1972年、チェコのチェスカ・リパ生まれ。2005年、プラハ・カレル大学博士課程修了。専門はチベットの儀礼、ボン教。著書に*The Tibetan Version of The Scripture on the Ten Kings and the Quest for Chinese Influence on the Tibetan Perception of the Afterlife*. Triton - Faculty of Arts, Charles University, Prague. 2012など。

● テンジン・ワンギェル・リンポチェ

(Tenzin Wangyal Rinpoche)

1961年、インドのアムリトサル生まれ。ボン教の本山メンリ僧院にて修学を行い、博士（ゲシェー）学位を取得。1992年、リクミンチャ・インターナショナルを設立。著書に*The Tibetan Yogas of Dream and Sleep*, Snow Lion Publications, 1998、共著に*Unbounded Wholeness*, Oxford University Press, 2006など。